JN275397

保育者養成シリーズ

# 教育原理

林 邦雄・谷田貝公昭 [監修]
大沢 裕 [編著]

一藝社

## 監修者のことば

　周知のとおり、幼児期の保育の場はわが国では幼稚園と保育所に二分されている。幼稚園は文部科学省の管轄の下にある教育の場であるのに対し、保育所は教育を主体とする場ではなく、福祉の側面を備えた厚生労働省の下に位置づけられている。しかしながら、保育所は遊びを通じて情操を育むなど、教育的な側面をも包含していることは言うまでもない。

　このような事情から、従前より、幼稚園と保育所のいわゆる「幼・保一元化」が求められてきた。この動きは、社会環境の変貌とともにしだいに活発となり、保育に欠ける幼児も欠けない幼児も共に入園できる「認定こども園」制度として実現した。すなわち、平成18年に成立した「就学前の子どもに関する教育・保育等の総合的な提供の推進に関する法律」(「認定こども園設置法」)がそれである。

　今後、「総合こども園」(仮称)などの構想もあるが、こうした中で保育者は保育士資格と幼稚園免許の2つを取得するという選択肢が広がる可能性が高まっている。その理由は、総合こども園は、幼稚園機能、保育所機能、子育て支援機能(相談などが提供できる)を併せ持った施設で、既存の幼稚園と保育所を基本としているからである。

　監修者は長年、保育者養成に関わってきたものであるが、「保育学」「教育学」は、ある意味において「保育者論」「教師論」であると言えるであろう。それは、保育・教育を論ずるとき、どうしても保育・教育を行う人、すなわち保育者・教師を論じないわけにはいかないからである。よって、「保育も教育も人なり」の観を深くかつ強くしている。換言す

れば、幼児保育の成否は、保育者の優れた資質能力に負うところが大きいということである。特に、幼児を扱う保育者は幼児の心のわかる存在でなければならない。

　この保育者養成シリーズは、幼児の心の分かる人材（保育者）の育成を強く願って企画されたものである。コミュニケーションのままならぬ幼児に接する保育者は、彼らの心の深層を読み取れる鋭敏さが必要である。本シリーズが、そのことの実現に向かって少しでも貢献できれば幸いである。多くの保育者養成校でテキストとして、保育現場の諸氏にとっては研修と教養の一助として使用されることを願っている。

　本シリーズの執筆者は多方面にわたっているが、それぞれ研究専門領域の立場から最新の研究資料を駆使して執筆している。複数の共同執筆によるため論旨や文体の調整に不都合があることは否めない。多くの方々からのご批判ご叱正を期待している。

　最後に、監修者の意図を快くくんで、本シリーズ刊行に全面的に協力していただいた一藝社・菊池公男社長に深く感謝する次第である。

平成24年3月吉日

監修者　林　　邦雄<br>谷田貝公昭

## まえがき

　現在の教育界には、問題が山積している。学級崩壊、不登校、いじめ、学力低下、あるいは教員の不祥事等、さまざまな問題が日々取りざたされ、いっこうに明るい話題が上ってこないようである。幼児教育の現場も例外ではない。理不尽な要求を突きつけてくる保護者も目立つようになった。教育者としての崇高な使命が理解されないことも、依然として多い。もちろん社会から、教育の質そのものの、さらなる向上が求められている。

　一言で教育と言っても、その意味するところは極めて広く、かつ奥深い。教育は人間すべてを対象とする働きである。教育原理という名称であれ、教育基礎論という名前であれ、そうした授業科目が幼児教育者養成校の必須科目の一つとして設定されているのは、幼児教育者は、自分の関わる年齢の子どものことだけを知っていればよいわけではなく、全体としての教育の中で、自分がどこを分担するのか、自分のなすべきことが何なのかを構造的によく理解することが必要だからであろう。

　ところがこれまで『教育原理』という著書が刊行されるときには、小学校教諭養成、また中学・高等学校教諭養成まで視野に入れた内容で構成されることが多かった。こうした著書は、教職教養を習得するという意味では有意義である。しかし幼児教育者にとってなじみのない内容が出てきたり、中には、幼児教育に適用しがたい原理的な説明がなされているケースも見受けられた。

　本書は、幼児教育者養成機関で使用されるテキストという前提で、厚生労働省が提示した講義概要を反映させた構成になっている。

ところで、いつも話題に上るのが、「保育原理」と「教育原理」の科目の違いである。思うに前者は、どちらかといえば、教育的側面と養護的側面を統合した働きとして「保育」を捉え、乳幼児を対象にした働きかけに特化して概説するものである。これに対して後者は、この中の教育的側面をさらに詳しく、系統立てて理論化して提示するものである。

　本書は、幼児教育者養成校で保育職を志す人々を第一の読者対象としたものであるが、現場の幼児教育者にもぜひ読み込んでいただきたい内容が豊富に盛り込まれている。本書が手引きとなって、幼い子どもたちと関わる方々の教育的なものの見方・考え方が深まる一助となれば、これに勝る幸せはない。

　なお各章の執筆は、全国の幼児教育者養成校で教鞭をとっている極めて優秀な先生方が担当した。執筆者の志を最優先したため、各章ごとに重なり合うように見える部分もある。しかしそれは、教育という働きについて過不足なく語るうえで不可避なものである。編集上の不備があるとすれば、それはひとえに編者の力不足の結果である。この書に触れた方々から、本書をブラッシュアップすべくご意見を賜れば、まことに幸いである。

　最後に、本書の出版に快く応じて下さった一藝社菊池公男社長と、編集校正に当たっていただいた同社の森幸一さん、伊藤瞳さんに、厚くお礼を申し上げたい。

　平成24年春

編著者　大沢　　裕

## 教育原理 ● もくじ

監修者のことば …… 2
まえがき …… 4

## 第1章 教育の意味 …… 11

第1節 教育とは何か
第2節 教育の概念
第3節 教育の範囲と機能

## 第2章 教育の理念 …… 25

第1節 「教育の理念」とは何か
第2節 現代日本における「教育の理念」
第3節 学校教育の目的と目標
第4節 「知識基盤社会」における「教育の理念」

## 第3章 人間の発達 …… 37

第1節 発達と人間形成
第2節 発達課題と発達理論
第3節 子どもの成長と環境

## 第4章 子ども理解 …… 49

第1節 子ども観の変遷
第2節 子どもをどう理解するか
第3節 子どもを「見る目」と教育観

## 第5章 世界の教育思想…… 63

- 第1節　古代の教育思想
- 第2節　中世の教育思想
- 第3節　近世の教育思想
- 第4節　近代の教育思想
- 第5節　現代の教育思想

## 第6章 日本の教育思想…… 75

- 第1節　古代の教育と教育思想
- 第2節　中世の教育と教育思想
- 第3節　近世の教育と教育思想
- 第4節　近代の教育と教育思想
- 第5節　現代の教育と教育思想

## 第7章 世界の教育制度…… 87

- 第1節　教育制度の3類型
- 第2節　就学前教育と保育
- 第3節　初等教育と前期中等教育
- 第4節　後期中等教育
- 第5節　高等教育と成人教育・継続教育

## 第8章 日本の教育制度…… 101

- 第1節　教育制度の基本原理
- 第2節　学制と戦前の教育制度
- 第3節　戦後教育改革と戦後の教育制度
- 第4節　現代の教育制度とその課題

## 第9章 教育行財政…… 113

第1節　行政による教育
第2節　中央政府と地方政府の機関
第3節　幼稚園・保育所に関する行政

## 第10章 教育内容…… 125

第1節　教育の目的と内容
第2節　教育計画
第3節　教育評価

## 第11章 教育方法…… 139

第1節　教育方法の原理
第2節　教育方法の種類
第3節　子どもの遊びと生活経験
第4節　「生きる力」と教育方法

## 第12章 さまざまな教育実践…… 153

第1節　モンテッソーリ法
第2節　シュタイナー教育
第3節　自然教育
第4節　レッジョ・エミーリア

## 第13章 地域に支えられた教育のあり方…… 165

第1節　家庭を取り巻く状況
第2節　地域を取り巻く状況
第3節　社会の役割

## 第14章 生涯学習と生涯教育……177

第1節　生涯教育から生涯学習へ
第2節　生涯学習の基礎としての幼児教育
第3節　生涯学習センターとしての園の役割

## 第15章 教育と現代の課題……189

第1節　教育・保育の国際化
第2節　子どもの学力の基盤をつくる保育者
第3節　障害のある子どもの保育・教育
第4節　教育・保育の場での差別と不公平
第5節　幼保一元化に向けて

監修者・編著者紹介……201
執筆者紹介……202

第1章

# 教育の意味

大沢　裕

## 第1節　教育とは何か

### 1．教育という働き

#### (1) 教育の成立条件

　教育という現象は日常の中で幅広く見られるものである。誰も教育を受けなかった者はいないし、機会があれば、人は往々にして教育者ともなる。このように半ば常識化された教育というものに、改めて目を向けて見よう。教育は学校教師の専売特許ではない。家庭では父親や母親は子どもに対して教育をしているし、教職に就いていない地域の人々が子どもたちの教育者になることも少なくない。

　逆に、学校教師と生徒がいれば直ちに教育という事象が成立するかといえば、それも必ずそうなるとは言い難い。例えば、教室の中で教師が自分の好きな本を読み、生徒たちがめいめい勝手に勉強しているとすれば、その状況で教育を行っていると見なすことはできないのである。なぜか。分かりやすく考えていくことにしよう。

　教育という行いが成立するためには、教育の担い手である教育者（通常大人）がいることが前提である。そしてまた教育の受け手である被教育者（通常子ども）がいることも条件になる。そして教育者と被教育者の間になんらかの働きかけと、それに対する応答がなければならない。しかし、どんな働きかけ・反応であっても、それを全て教育だと見なすことはできない。

　教師が子どもに対して、なんら教育的目的を持つことなく、自分の都合の良いことを言い、従わせ、服従させる状況は、教育の本来の姿ではない。基本的な考え方は、子どもの幸福や発達を願った働きかけ一般、これが教育という事象なのである。もちろん、さらに子どもの幸福や発

達とは何か、といった問題が出てくる。子どもの幸福は、その子の現在・将来においてより充実した生を得ることであり、子どもの発達とは、言うまでもなく、その素質を全面的に開花させることである。

## (2)「教育」の成功的用法と意図的用法

　教育という言葉を用いるとき、成功的用法と意図的用法があることに注意する必要がある。成功的用法というのは、子どもに働きかけたとしても、なんらかの成果が得られなければ、教育が行われなかったと判断する用法である。そして意図的用法というのは、たとえ結果が得られなかったとしても、子どもの幸福や発達を願って行った行為であれば、それを教育と認めようというのである。このどちらの用法を支持するか、それはその人間がどのような教育観を持っているかに関わっている。単純に因果関係で全てを捉えようとする人間は、成功的用法を支持するだろう。また、子どもの人格・行動を他人は完璧には把握できないと捉える人間は、意図的用法を支持することになるだろう。

　こと乳幼児の教育の世界に限定して言えば、現場は、幼児教育者の思うようにならないことが数多くある。子どもが教師の意図とは全く違った反応をすることもまれではないし、同じ教師の一言を、違ったように受け入れる子どもたちもたくさんいる。乳幼児を対象とした教育の場合には、成功的用法はなじまないように見える。

## (3) 教育の時間的側面と空間的側面

　さて、教育という働きを少し分析してみよう。時間的側面で考えると、学校教育は、当然のことながら教育する時間がある程度決まっているが、教育それ自体は24時間どこでも行われるものである。家庭において、夜間いっこうに寝ようとせずテレビにかじりついている子どもを親が指導することも、りっぱな家庭教育の一環である。また同時に、教育を受ける対象＝被教育者は、一般的には子ども・児童だが、教育は人間の誕生

の時から始まり生涯続いていくものである。現在は生涯学習という言葉が好んで使われているが、1965年にユネスコでラングラン（P. Lengrand, 1910～2003）が「生涯教育」（éducation permanente）を提唱したことはよく知られている。

空間的側面で考えると、教育は、家庭、学校、社会等、そしてもちろん保育所や幼稚園の中で行われていくものである。家庭教育、学校教育、社会教育にはそれぞれ固有の役割があり、機能として重なっている部分もあるが、独自の機能を持っている。例えば、学校において児童たちは集団で社会性を身につけていくが、これは決して家庭教育ではなし得ない部分である。また、文化と密接に関連した地域の教育力は、意図的でない場合もあるかもしれないが、独特の影響力・浸透力を持っている。

そして、これらは互いに独立してはいるが、不即不離の関係において成り立っている。学校教育は、家庭での教育の成果を受け継ぎ、家庭での成果を学校で修練し、家庭に還元していく。また地域の住民たちは、学校の中で、地域固有の文化を生徒たちに提示したりすることもできる。一番望ましいのは、家庭、学校、社会がそれぞれ固有の役割を果たしながら有機的に関連し合い、結果として子どもの幸福や発達を促すよう機能する、ということである。

## (4) 教育の個別状況的側面

さて、教育を状況という視点から見ることもできる。時と場所が決まっていても、必ずしも同一・同質の教育が行われるとは限らないというのが、教育の独自な点である。教育を受ける子どもたち、その素質・個性はさまざまであり、発達の道筋も決して一通りではない。例を挙げよう。子どもが規則に違反した行動をとったとき、教師は当然、生活指導をするわけであるが、全く同じ一言が、ある子どもの場合には全く響かず、教育効果が見られないということもあれば、別の子どもの場合は胸の奥底に響き、教師の指導を素直に受け入れるということもある。あ

るいはまた、その一言がその子のやる気を全く失わせ、意欲を減退させるということもあり得なくはない話である。

　教師の一言からしてそうなのであるから、教育の全体のさまざまな状況を考えたとき、教育の働きは全く単純に子どもに影響するわけではないこと、教育を単純な因果関係で考えてはならないことが分かってくると思う。教育はまことに複雑多岐にわたる条件によって規定される事象なのである。

## 2. 教育がなぜ必要か

　教育という営みは人間独自のものであることは言うまでもない。高等な動物が教育と類似の行動をすることも明らかになっているが、純粋な意味における教育を遂行するのは人間だけである。古くはコメニウス（J. A. Comenius, 1592～1670）が、「もし人が真の人間となるべきであるならば、彼は教育されなければならない」と語っている。また哲学者カント（I.Kant, 1724～1804）は、「人間は教育されなければならない唯一の被造物である」と断定している。ランゲフェルド（M.J.Langeveld, 1905～1989）は、人間を「教育されうる、教育的動物」（animal educable, educandum）と定義した。

### (1) 人間の特徴

　それではなぜ、人間だけが教育を必要としているのだろうか。まずは人間と動物の差異に目を向けてみよう。生命の段階として取り上げられるのは、①感受動向、②本能、③記憶や連想的記憶、④実践的知能である。事物を道具としてある程度使いこなせる類人猿は高等動物で、①から④までの性質を併せ持っている。したがって、これらは人間独自の特徴を表すものではない。むしろ動物との共通項を示すものである。

　人間は生物学上、ホモ・サピエンス（homo sapiens）と表現されるように、知恵を持つ種族である。人間学的に言えば、①直立姿勢、②道具

の発明と使用、③文字の発明と使用、④表象力の獲得、これらが人間独自の特徴として言い表すことのできるものである。このほか、シェーラー（M.Scheler, 1874～1928）は「精神」を人間の特徴として言い表した。一般的には、理性・精神と言い表すことのできるもの、これが人間独自の特徴である。人間の特徴を「即物性」(Sachlichkeit) と表現する人間学者がいる。またゲーレン（A. Gehlen, 1904～1976）は、人間は「欠陥存在」(Mangelwesen) であると定義した。人間は、動物のようにもっぱら本能によって規定されていないため、なにがしかの文化を学びながら、その欠陥を補っていく生物なのである。

　生物学的見地から人間を特徴づけたのは、ポルトマン（A. Portmann, 1897～1982）である。彼は、人間は生理的早産として生まれるとした。本来ならば、人間の妊娠期間は2年弱必要であったにもかかわらず、およそ10カ月で子を産むため、生物学的には高等動物の素質を持ちながら、非常に未熟な状態で生まれてくる。そして成育するまでの期間が他の動物と比べたとき、非常に長いこと（19年）、それゆえに人間は、本能に代わるものを学習しなければならないのだとポルトマンは考えた。動物は環境に拘束されているのに対して、人間は世界に対して開かれている。人間は教育を受け入れることのできる素地を持つ存在なのである。

### (2) 教育悲観論と教育楽観論

　人間が教育を受けない場合、どのようになるのか。それは『アヴェロンの野生児』や『狼に育てられた子』の野生児の事例が示している。世界的には、こうした野生児の事例は50以上あるという。これらの野生児の事例がどれだけ真実を言い表しているのかということについては、慎重に議論する必要があるだろう。しかし、少なくとも幼少期に教育を欠いた場合、通常の健全な人間の発達の筋道からはずれていくであろうことは、容易に想像できることである。

　したがって、教師を含めた、子どもの人的環境あるいは物的環境は、

子どもの成長を大きく左右していくところのものだと考えなければならない。人間の発達上、遺伝的なもの、素質的なものを重視する立場、あるいは人間を取り巻く環境を重視する立場が歴史的に繰り返し取り上げられてきた。前者が「遺伝説」であり、後者は「環境説」である。

そしてこの2つを克服する立場が「輻輳説（ふくそう）」であり、さらに別の「相互作用説」と言われる立場もある。ちなみに、遺伝的なもの、素質的なものを極端に重視する立場は、教育悲観論に結びつく。逆に、環境の力を最有力視する立場は、教育楽観論に結びつく。素質的なものが子どもの発達の多くを決定づけるとすれば、教育はそれだけ無力であろうし、環境によって子どもがいかようにも発達すると考えるならば、教育はそれだけ全能だと考えられるだろう。

近年、脳科学が著しい発展を遂げた。今ここでそれを詳しく取り上げることは避けるが、恐らく脳科学の進歩とともに、教育に対する考え方も大いに変わっていくことが予想される。

## 第2節　教育の概念

### 1. 教育という熟語の意味合い

それでは、そもそも教育という言葉はどのように使用されてきたのだろうか。この熟語としての教育という言葉を初めて用いたのは、孟子であると言われている。『孟子』の中には、「君子には三つの楽しみがある。しかし天下の王者として君臨することは、この中に入っていない。父も母もそろって健在で、兄弟姉妹みな無事で息災無きが第一の楽しみである。仰いでは天に対して恥ずかしいことがなく、付しては何人に対しても後ろめたいことがないのが、第二の楽しみである。天下の秀才（原

語：英才）を門人として教育し、これを立派な人物に育て上げることが、第三の楽しみである。君子には三つの楽しみがある。しかし天下の王者として君臨することは、この中に入っていない」(小林勝人訳『孟子（下）』岩波文庫、1985年、p.340～341）という記述がある。熟語として初めてここで教育という言葉が使われたわけであるが、その教育の分野が英才教育であったことはまことに興味深い。ちなみに、現在使われている英才教育という言葉にも注意する必要がある。英才とは、素質、才能を持っている人物の特徴を指し、年齢を規定するものではない。したがって18歳を過ぎても、その人間に素質があれば英才教育は行われる。逆に、その人間に素質が欠けていれば、いかに低い年齢で教育が行われたとしても英才教育とは言えない。より適切な言葉を選べば、通常の教育段階よりも早い時期に行う教育は、早教育と呼ばれる。一般には、わが国では英才教育と早教育とが混同されて使われているのが実情である。

　ちなみに「教」という漢字は、字の起こりとして見ると、子どもと交わってたたく、という意味であるという。例えば、「おい、がんばれ」と言って子どもの肩や背中をたたく、といった捉え方もできるかもしれない。「育」という言葉は、子の漢字が逆さまになり、下の月は肉月である。子どもが生まれ落ちて、健康な肉体を作りながら育っていくことを表していると考えることができる。それから、訓読みの「育つ」という言葉については、2つの語源があると言われる。1つは、巣立つという言葉から来たもので、動物が巣立っていく様子を表しているというものである。もう1つは、そばに立つという意味から来たというもので、子どもを見守る大人の様子を表しているものと考えられる。

　教える主体は教育者（教師、保育者）であり、育つ主体は被教育者（子ども）である。教えるという行為は、育つことと無関係ではあり得ない。子どもが育つことと、大人が教えることとが密接に結びついているのが、教育という熟語の意味であることは間違いない。教え方によっては、育つはずのものが育たなくなる可能性は否定できないし、また教

え方がすばらしければ、子どもの育ちが教育者の想像以上のものになることも起こりえることである。教育という言葉は、まことに意味深い内容を言い表している。

## 2. 欧米の言語の意味合い

教育を単純に英語で言い表すとeducationということになる。しかし教育という漢字熟語が示す範囲とeducationが示す意味内容は、必ずしもぴったりと一致するわけではない。trainingという言葉は、訓練と訳すことが多いが、教育の範疇の中に入れることができる。schoolingもまた通学というよりは、教育と表現するほうが適当な場合もある。そしてteachingも通常は教授と訳されるが、教育と表現する方が適切な文脈もある。あるいはまたcultureは、教養とも教育とも言い表すことのできる言葉である。

今ここでeducationという言葉を取り上げてみよう。英語のeducation、フランス語のéducation、ドイツ語のErziehungは、共にラテン語のeducare、educereという言葉を起源とする。このラテン語には、育て上げるという意味と、引き出す、抜き出す、という意味が含まれている。漢字でいう教育という言葉が、どちらかといえば、教育者主体で被教育者に対して技術や知識を与えるという意味合いが強いのに対して、欧米のeducationは、子どもの中に秘められている素質的なもの、才能を内側から引き出していく、という意味合いが強くなっていると考えられる。

## 3. 教育と類似の熟語

教育と類似した言葉は、わが国には豊富にある。保育、人間形成、学習、訓育、訓練、授業、陶冶、しつけ、教示、指導、愛育、慈育などである。教育と保育の関連については後述するが、わが国の教育にまつわる語彙は非常に豊富である。さらに、教育という熟語の前に漢字を並べると、その数は無限に膨れ上がる。幼児教育、成人教育、教科教育、国

際化教育、人権教育、障害児教育等などである。

　文化人類学によれば、ある地域における語彙の豊富さと、そこで生活している人の関心とは密接な関係があるという。例えば、日本は四方を海に囲まれ、食卓に日常的に魚介類が登場する。日本の場合、出世魚など、魚に対する語彙が豊富であるということは、それだけ日常生活の中に密接に魚が登場する、ということである。アフリカのある地域では、魚を表す言葉は1つしかないという。つまり魚というものが、人々の生活とほとんど関わりがないわけである。

　これを応用して考えると、わが国は、それだけ教育に対する関心が深い文化を持っていたと考えることができる。学校の創立、保育施設の設立については欧米に遅れをとったが、現代のわが国の教育の状況は、他国に決して引けをとるものではない。OECD（経済協力開発機構）のPISA調査の順位にこだわって教育のあり方が問われることが多いが、教育というものを文化と関連づけながら深く見つめていく必要があるのではなかろうか。決して経済上の観点だけから、教育を注視してはならないことは明らかである。「教育は国家百年の計」と言われるとおり、
　わが国の未来の根幹を支える働き、これが教育なのである。

## 第3節　教育の範囲と機能

### 1. 意図的教育と非意図的教育

　教育の働きが最も具体的に現れるのが教育施設であり、広義の学校である。ちなみに学校教育法では、幼稚園は学校の一つとして位置づけられている。学校は意図的・計画的教育を行うところである。教育の内容としてカリキュラムが組まれるのは、学校教育が意図的であり、計画的

であることのあかしである。

　幼稚園や保育所の場合には、どのように考えたらよいのであろうか。もちろん、幼稚園や保育所でも教育を行う以上、意図した計画に基づいていなければならないことは言うまでもない。しかし、幼稚園や保育所の教育のあり方は独特である。幼稚園や保育所では、小学校以上の段階と比較したとき、非意図的・非計画的要因が格段に大きくなる。もちろん、子どもを放任するということではない。子どもの発想・思いつき・自発性があって、それを生かす形で教育が展開されていくのである。したがって、保育者が意図しない結果が伴うことも当然多くなってくる。

　こうした教育のあり方を、非意図的・非計画的教育という。例えば、子どもが知らず知らずのうちに園の雰囲気になじみ、その園の子どもらしく成長していくとすれば、いわば間接的教育が行われているのである。

　法規上（学校教育法）も、幼稚園は、環境を通して子どもを教育（保育）するところであることを明記している。幼児教育者は、環境の構成者であると同時に、子どもにとって環境構成の一部ともなるのである。環境が及ぼす子どもへの非意図的・非計画的影響、これは意図的・計画的教育に優るとも劣らない力を持っている。ペスタロッチ（J. H. Pestalozzi, 1746～1827）は、それを「生活が陶冶する」という言葉で表現した。子どもを取り巻くもの、それが渾然一体となって教育的効果をもって子どもに影響していく、というわけである。しかも、子どもにとってとりわけ身近にあるもの、これが子どもに深い影響力を与えていく。

　子どもにとって関心・興味のあるもの、それは子どものすぐ周りに存在している。そうしたものが望ましく子どもに影響していくよう環境を整えていくことこそ、幼児教育者の大切な役割である。

## 2．社会における教育の機能

　それでは、教育は社会と関連して、どのような機能があるのだろうか。
　まず第1に、教育には文化の伝達という機能がある。教育は、具体的

には固有の時代、固有の地域において展開される作用である。そして子どもは、自分の所属する固有の文化を身につけていかねばならない。生活様式を習得していくこと、と言い換えることもできる。例えば、箸の使い方を学ぶことは日本の文化を学ぶことであり、日本社会が育んできた文化を受け継ぎ習得する、ということである。これは、その人間の所属する社会の生活様式について妥当する。

　しかし第2に、教育には他文化を受け入れる素地を作る、という役割がある。子どもは、自分の所属する文化のことだけを学べばよいというものではない。子どもが早い頃から異文化に接し異文化を体験することは、その後の他文化理解、国際化教育の礎となっていくのである。それは人権教育とも結びついた問題でもある。

　第3に、教育には社会の存続という機能がある。我々日本社会が存続しているのは、学校教育をはじめ家庭教育や社会教育において、社会の構成員としてふさわしい人間になるよう教育し続けているからである。もし教育を欠いたとしたら、社会の存続そのものが危ぶまれることになるであろう。これは、幼児教育の段階においても当てはまる事柄である。

　第4に教育は、個人の発達と幸福を保障するといった機能を持つ。教育は、一方では子どもを社会に同化させるが、他方においては子どもの個性を育み、伸長させていくものなのである。それゆえに教育者は、個々の子どもの発達の経過・道筋をしっかりと把握していく必要がある。画一的な教育は、個性を集団の中に埋没させる恐れのある方策である。

　第5に教育は、未来の創造といった役割を担うものである。教育は、子どもを社会の成員の中に引き入れる役割を果すだけではない。その社会が新しく更新され、文化や文明がより高い段階へ達するよう導くものなのである。

　第6に教育は、子どものそのときどきの生活を充実させる義務を負う。例えば幼児教育において、小学校段階への予備として全ての力が注がれるとしたら、子どもの園生活というものは、未来のために現在を犠牲に

する、非常に窮屈で息苦しいものとなるであろう。子どもの発達段階の「今」というものを大切にし、それを充実させることが、かえって子どもの未来の生活のためにもなる、というものである。「生きる力」を育てるとは、そういった意味を持ち合わせているものであろう。

## 3. 教育と保育の関係

　さて、これまで本章においては、教育という言葉を積極的に用い、保育という言葉はなるべく使用することを避けてきた。それは、きちんと概念規定をする前にそうした概念を使用すると、無用な混乱・誤解を引き起こすことになると考えたからである。教育という働きと保育という働きは、どのような関係にあるのだろうか。少し考えてみよう。

　教育という言葉の適用範囲は広い。先に生涯教育という言葉を挙げたように、教育の範囲は、人間が生まれ落ちてから亡くなるまで生涯にわたって続いていくものである。もちろん、人間は成長するに従って自己学習能力を高めていくから、教師の役割はしだいに従属的なものになっていく。もともと「先生」という言葉が、先に生まれた人を言い表していることからも明らかなように、人間は年齢を重ねるに従って、教師の援助をしだいに必要としなくなっていく。教育の役割は、教育自体がやがて不要になるように未成熟者を育て上げることである。

　保育という言葉の適用範囲は、教育よりも狭い。学童保育を例外とすれば、保育の対象は基本的に乳幼児であり、小学校以前の段階の子育ての一つの様式である。しかし、保育という言葉の中には、教育という言葉だけでは言い表せない別の側面が含まれている。ちょうど、保育という言葉を英訳すると、early childhood education and careという言葉になるように、保護もしくは養護的側面が含まれているのである。

　具体的には、養護の内容は、①良い環境、②十分な栄養、③適当な運動、④十分な休養と睡眠、⑤病気の予防、⑥事故の防止、⑦健康・安全の良い習慣の形成、⑧情緒の安定、を含むものである。もちろんこれら

の養護の内容は、小学校の段階になったら全く配慮不要となるというわけではないが、乳幼児の子どもにあっては、特に養護的側面が重要視されねばならない。そこで幼児教育現場では、保育という言葉が多用されているというわけである。

　管轄省庁による使い分けということもある。学校教育法においては、幼稚園の目的として保育という言葉が使われているが、幼稚園教育要領の中では、教育という言葉が好んで使われている。これに対して、厚生労働省が管轄する保育所にあっては、保育という言葉が多用され、実際に保育所保育指針では、保育には教育的側面と養護的側面があることが明記されている。今後、認定こども園という形で幼稚園と保育所とが統合されたときには、教育と保育の関係をどのように法規では規定していくのか、目が離せない状況である。

## 【参考文献】

I・カント（三井善止訳）『人間学・教育学』玉川大学出版部、1986年

コメニウス（稲富栄次郎訳）『大教授学』玉川大学出版部、1963年

林邦雄責任編集『保育用語辞典〔第2版〕』一藝社、2007年

A・ポルトマン（高木正孝訳）『人間はどこまで動物か』岩波新書、1961年

谷田貝公昭・林邦雄・成田國英編『教育基礎論』（教職課程シリーズ1）一藝社、2001年

E・ロータッカー（谷口茂訳）『人間学のすすめ』思索社、1985年

A. Gehlen, *Der Mensch: Seine Natur und seine Stellung in der Welt*, Athenäum, Frankfurt a. M./Bonn, 1966

A. Portmann, *Zoologie und das neue Bild des Menschen*, Rowohlt Hamburg, 1956

M. Scheler, *Die Stellung des Menschen im Kosmos, 10 Auflage*, Fanke Verlag Bern und München, 1983

第 2 章

# 教育の理念

榊原　志保

# 第1節 「教育の理念」とは何か

## 1. 教育の目的志向性と教育的価値

　教育は、その働きを通して、個人ならびに社会の、よりよい現在と未来を実現しようとするものである。どのような状態を「よりよい」ものと考えるかは、教育を意図し、計画する主体の価値観によるが、それは、教育する主体の立場においては、「何を目指して」「何のために」教育するのかという目的観として意識される。

　わが子を育てる親にしても、地域の中で子どもの育ちに関わる人々にしても、教育的行為の根底には、「こんな人に育ってほしい」「こんな社会をつくりたい」という素朴な願いや目的を持っているだろう。しかし一般に、家庭や地域で行われる教育は意図性・計画性が低いため、親や地域の人々が行う教育が体系だった価値観や目的観に基づいた実践であることはまれであろう。

　それに対して、意図的・計画的な実践を通して、人間と社会の形成に働きかける教育・保育専門職には、日々の営みを通して何を目指すのか、教育・保育に求められている社会的使命を知ったうえで深く考え、自覚的に目的を意識した実践を展開することが求められる。

　ところで、どのような状態を「よりよい」ものと考えるかは、各々の個人や組織の判断によるが、そこで判断基準となる価値体系のことを教育的価値という。

## 2. 教育的価値の重層構造

　教育的価値は普通、理念→理想→目的→目標という段階的構造を持っている。上位の価値ほど抽象的・一般的・包括的で、教育のあり方を全

体として方向づける意味を持っており、下位になるほど具体的・特殊的・個別的になり、具体的な教育実践の到達目標としての性格も帯びてくる。

　とはいえ、一般にそれらの用語は概念的に明確に区別して用いられているわけではなく、どこまでが理念でどこからが理想と言えるものでもない。理念と目的の区別も不明確である。しかしともかくも、教育が目指す究極の方向性を示すものが、「教育の理念」と言われるものである。

## 3.「教育の理念」の性格

### (1) 個人と社会

　「教育の理念」は、教育的価値の体系の最上位に位置するものとして、一般性や形式性が高い。それゆえに、さまざまに特殊な条件を備えた時と場所を超えて通用する普遍的性格も強いと言えよう。

　しかし、教育という営みが関わる根本的な2方向である個人と社会について、そのどちらに重心を置いて考えるか、軸足の据え方によって、「教育の理念」は180度変わり得る。

　一例として、戦前と戦後の教育の違いを考えてみよう。

　戦前の日本では、1890年代から1945年の終戦に至るまで、「教育の理念」は教育勅語に示され、「忠君愛国」の精神に貫かれた「忠良なる臣民の形成」が教育目的とされた。そこでは、「個人の人格の完成」といった価値は国家社会を衰退に導くものとして排斥され、軍国主義体制の下での国家社会の成員養成が目指されたのである。

　しかし戦後は、悲惨な戦争へと国民を導く役割を果たしたとして、戦前の教育理念は全否定され、民主主義社会の基本理念として何よりも重視すべき「個人の尊厳」に基づいた教育理念が教育基本法に明示された。そこに掲げられた理念こそ、戦前社会においては批判の的であった「人格の完成」だったのである。

### (2) 普遍性と特殊性

　また、言葉として同じ理念が掲げられていても、その内容は、政治・経済・文化・宗教等、さまざまな社会的・時代的諸条件の違いによって変わり得るものである。例えば、「正義」という理念・理想が掲げられたとして、一見普遍的に見えるものの、何をもって正義と考えるかは、封建社会と民主社会とでは異なってくるだろう。

　理念として示された価値は形式的な大枠にすぎず、実質的にどのような事柄が重視されるかの内容は、時代や社会の変化に応じて変わり、それに応じて、「教育の理念」もさまざまに特殊な様相を示すことになる。

　それでは、今日の日本において、「教育の理念」はどのように提示され、今日的状況の中でどのような様相を示しているのであろうか。

　次節では、戦後教育の基本理念を掲げてきた教育基本法の改定を経て、新たな時代状況に応じた新たな教育実践を主導することが期待されている「教育の理念」について、その構造を明らかにしながら解説する。

## 第2節　現代日本における「教育の理念」

### 1. 教育基本法の改正と新たな「教育の理念」

　法律主義に基づく戦後日本の民主主義教育の理念は、教育にかかわる憲法とも言われる教育基本法に明示されている。2006年12月、その教育基本法が改正された。

　改定法案の基礎となった中央教育審議会答申（『新しい時代にふさわしい教育基本法と教育振興基本計画の在り方について』）は、旧法制定以降半世紀以上を経過し、国内外の社会の大きな変化の中で、教育において重視すべき理念も変化してきていること、そうした中で、新しい時代にふ

**図表1　教育基本法改正の趣旨**

教育基本法制定以降約60年間における教育を取り巻く環境の変化

**社会**
- ●科学技術の進歩、情報化、国際化、少子高齢化、核家族化
- ●価値観の多様化　●社会全体の規範意識の低下　など

**家庭**
- ●教育力の低下
- ●育児に不安や悩みを持つ親の増加　など

**学校**
- ●いじめ・校内暴力などの問題行動
- ●質の高い教員の確保　など

**地域社会**
- ●教育力の低下
- ●近隣住民間の連帯感の希薄化
- ●地域の安全、安心の確保の必要性　など

**子ども**
- ●基本的生活習慣の乱れ　●学ぶ意欲の低下や学力低下傾向
- ●体力の低下　●社会性の低下、規範意識の欠如　など

⇩

**教育基本法の改正**

「人格の完成」や「個人の尊厳」など、これまでの教育基本法に掲げられてきた普遍的な理念は大切にしつつ、新しい時代の教育の基本理念を明示。

⇩

- 知・徳・体の調和がとれ、生涯にわたって自己実現を目指す自立した人間
- 公共の精神を尊び、国家・社会の形成に主体的に参画する国民
- 我が国の伝統と文化を基盤として国際社会を生きる日本人

の育成を目指す

出典：日本政府「新しい教育基本法について」
(http://www.mext.go.jp/b_menu/kihon/houan/siryo/07051111/001.pdf) を基に作成

さわしい教育を実現するためには、今日的な視点から教育のあり方を根本まで遡り、旧法に定める普遍的な理念は大切にしつつも、変化に対応し、「我が国と人類の未来への道を拓く人間の育成のために今後重視すべき理念を明確化する」必要があることを説明している。

日本の教育が目指す究極的な理念・目的が示された前文ならびに第1章（教育の目的及び理念）において、普遍的な理念として旧法から継承されているのは、「個人の尊厳」、「人格の完成」、「国家及び社会の形成者としての心身ともに健康な国民の育成」という、近代市民社会を支え

**図表2　教育基本法第2条（教育の目標）に規定された内容**

(1) 幅広い知識と教養、真理を求める態度、豊かな情操と道徳心、健やかな身体
(2) 個人の価値の尊重、能力の伸長、創造性、自主及び自律の精神、職業及び生活との関連、勤労を重んずる態度
(3) 正義と責任、男女の平等、自他の敬愛と協力、公共の精神、社会の形成への主体的参画、社会発展に寄与する態度
(4) 生命と自然の尊重、環境の保全に寄与する態度
(5) 伝統と文化の尊重、我が国と郷土を愛するとともに、他国を尊重、国際社会の平和と発展に寄与する態度

（下線筆者）

る近代教育の基本理念——個人の自律化と社会化——である。それに対して、社会の変化に応じて「今後重視すべき理念」として新たに盛り込まれたのが、「公共の精神」、「豊かな人間性と創造性を備えた人間の育成」、「伝統の継承」（第2条）、「生涯学習」（第3条）といった文言であり、政府は、新たな理念を反映する理想的人間像を提示している（**図表1**）。

## 2.「教育の理念」「教育の目的」「教育の目標」

　こうした教育の理念・目的を実現するために「今日重要と考えられる事柄を規定」したものが、教育基本法第2条（教育の目標）である。
　そこに示された事項は**図表2**のとおりであり、新たに規定された事柄（下線部）が大半を占めている。ここに、「変化に対応し、わが国と人類の未来への道を拓く人間の育成のために今後重視すべき理念」の内容を見ることができる。
　改定教育基本法第1章に示された理念・目的・目標は、さまざまな場で行われ（家庭教育、学校教育、社会教育）、また個人の生涯の各時期に関わって行われる教育（幼児教育、初等中等教育、高等教育等）の全体を通して目指される方向性である。
　教育・保育専門職は、このような大きな国家的指針の下にある学校教育制度の中で、意図的・計画的・組織的な教育を進める役割を担っている。上に見てきた理念・目的・目標が、各々の学校教育をどのように方

向づけ、具体化されていくのかを次に見てみよう。

# 第3節　学校教育の目的と目標

## 1. 学校教育の目的

　　日本の学校教育は、日本国憲法の精神を柱とする国家・社会を支える

**図表3　学校教育法に規定された各学校の目的**

| 学校の種類 | 教育目的 |
|---|---|
| 幼稚園 | 第22条　幼稚園は、義務教育及びその後の教育の基礎を培うものとして、幼児を保育し、幼児の健やかな成長のために適当な環境を与えて、その心身の発達を助長することを目的とする。 |
| 小学校 | 第29条　小学校は、<u>心身の発達に応じて</u>、義務教育として行われる普通教育のうち基礎的なものを施すことを目的とする。 |
| 中学校 | 第45条　中学校は、小学校における教育の基礎の上に、<u>心身の発達に応じて</u>、義務教育として行われる普通教育を施すことを目的とする。 |
| 高等学校 | 第50条　高等学校は、中学校における教育の基礎の上に、<u>心身の発達及び進路に応じて</u>、高度な普通教育及び専門教育を施すことを目的とする。 |
| 中等教育学校 | 第63条　中等教育学校は、小学校における教育の基礎の上に、<u>心身の発達及び進路に応じて</u>、義務教育として行われる普通教育並びに高度な普通教育及び専門教育を一貫して施すことを目的とする。 |
| 特別支援学校 | 第72条　特別支援学校は、視覚障害者、聴覚障害者、知的障害者、肢体不自由者又は病弱者（身体虚弱者を含む。以下同じ。）に対して、幼稚園、小学校、中学校又は高等学校に準ずる教育を施すとともに、障害による学習上又は生活上の困難を克服し自立を図るために必要な知識技能を授けることを目的とする。 |
| 大学 | 第83条　大学は、学術の中心として、広く知識を授けるとともに、深く専門の学芸を教授研究し、<u>知的、道徳的及び応用的能力</u>を展開させることを目的とする。 |
| 高等専門学校 | 第115条　高等専門学校は、深く専門の学芸を教授し、<u>職業に必要な能力</u>を育成することを目的とする。 |

（下線筆者）

公教育の理念に基づいた学校教育制度として存在しており、わが国の教育理念の実現に向けて、意図的・計画的・組織的な教育を進める場として、教育全体の中で大きな役割を担っている。

　教育基本法第6条第2項では、学校教育の目的について「(第2条に示された) 教育の目標が達成されるよう、教育を受ける者の心身の発達に応じて、体系的な教育が組織的に行われなければならない」(カッコ内は筆者挿入) と規定されている。この定めに基づいて、各学校の目的・目標が規定されているのが、学校教育法である。

## 2. 各学校の目的と目標

　学校教育法に規定された各学校の目的を整理した**図表3**を見てほしい。幼稚園は「義務教育及びその後の教育の基礎を培う」ことを目指し、「心身の発達を助長する」ことを目的とする教育を行う場所である。その土台の上に、小・中・高にわたる普通教育があり、高等学校以降は専門教育が重要な目的とされている。心身の発達に応じて、幼児教育、普通教育、専門教育という流れで、それぞれの段階の教育目的が体系的・組織的に設定されているのが分かるだろう。そうした各学校の教育目的の連続性は、一本の樹木のイメージで捉えられる (**図表4**)。

　根の部分に当たる幼稚園の教育目的は、教育基本法第11条 (幼児期の教育) の「生涯にわたる人格形成の基礎づくり」に基づいており、その根を土台として伸びてゆく幹に当たる「普通教育」が目指す目的・目標の内容は、それを担う義務教育の目的・目標を定めた教育基本法第5条第2項 (義務教育の目的) ならびに学校教育法第21条 (義務教育の目標) によって知ることができる (**図表5**)。

　義務教育の目的には教育基本法第1条における個人の自律化 (「人格の完成」) と社会化 (「国家及び社会の形成者として必要な基本的資質を養う」) という教育の目的が、それを具体化する「目標」には教育基本法第2条の教育の目標の内容が反映されていることが分かる。このように、日本

**図表4　各学校の教育目的の連続性**

大学／高等専門学校／専門教育（高度なもの）

高等学校／中等教育学校／特別支援学校／普通教育

中学校／小学校／義務教育学校／教育（基礎的なもの）

幼稚園／義務教育及びその後の教育の基礎

**人格の完成　国家及び社会の形成者**

**高等学校の目標**（学校教育法第51条）
・義務教育として行われる普通教育の成果を更に発展拡充させて、豊かな人間性、創造性及び健やかな身体を養い、国家及び社会の形成者として必要な資質を養うこと。
・社会において果たさなければならない使命の自覚に基づき、個性に応じて将来の進路を決定させ、一般的な教養を高め、専門的な知識、技術及び技能を習得させること。
・個性の確立に努めるとともに、社会について、広く深い理解と健全な批判力を養い、社会の発展に寄与する態度を養うこと。

心身の発達と進路に応じて

**義務教育の目的**（教育基本法第5条第2項）
・各個人の有する能力を伸ばしつつ社会において自立的に生きる基礎を培う。
・国家及び社会の形成者として必要とされる基本的な資質を養う。

心身の発達に応じて

**幼稚園教育の目的**（学校教育法第22条）
・義務教育及びその後の教育の基礎を培うものとして、幼児を保育し、幼児の健やかな成長のために適当な環境を与えて、その心身の発達を助長する。

心身の発達の助長

（筆者作成）

の学校教育の根幹には、第2節で確認した改定教育基本法の理念・目的と目標が貫かれているのである。

　ところで、**図表4**の樹木は、学校教育制度の連続性をイメージして図示したものであったが、見方を変えると、それはまた一連の学校教育の中で心身を発達させ、幼児教育や普通教育で培われた汎用的能力の根幹の上に個性的な枝葉を茂らせていく一人ひとりの人生のイメージ図でも

**図表5　義務教育の目的と目標**

○義務教育の目的（教育基本法第5条第2項）
　義務教育として行われる普通教育は、各個人の有する能力を伸ばしつつ社会において自立的に生きる基礎を培い、また、国家及び社会の形成者として必要とされる基本的な資質を養うことを目的として行われるものとする。

○義務教育の目標（学校教育法第21条）
　義務教育として行われる普通教育は、教育基本法第5条第2項に規定する目的を実現するため、次に掲げる目標を達成するよう行われるものとする。
1. 学校内外における社会的活動を促進し、自主、自律及び協同の精神、規範意識、公正な判断力並びに公共の精神に基づき主体的に社会の形成に参画し、その発展に寄与する態度を養うこと。
2. 学校内外における自然体験活動を促進し、生命及び自然を尊重する精神並びに環境の保全に寄与する態度を養うこと。
3. 我が国と郷土の現状と歴史について、正しい理解に導き、伝統と文化を尊重し、それらをはぐくんできた我が国と郷土を愛する態度を養うとともに、進んで外国の文化の理解を通じて、他国を尊重し、国際社会の平和と発展に寄与する態度を養うこと。
4. （以下、略）

ある。その枝葉は、大きな空へと、個人の自律化と社会化という理念的方向性を持ちながら伸びていくことが期待されているのであるが、その「空」＝今後の社会のあり方として、国際的に到来が予測されているのが「知識基盤社会」である。

　予測される「知識基盤社会」を生き、その形成者として個性を発揮してゆける人を育成するために、文部科学省は、改定教育基本法の理念・目的・目標を踏まえながらも、学校教育制度の根幹をなす部分に「生きる力」という独自のスローガンを立てている。「生きる力」は、学校における教育課程編成の基本となる学習指導要領や幼稚園教育要領の理念として、学校・地域・家庭が連携するに当たって共有すべき理念とされている。

# 第4節 「知識基盤社会」における「教育の理念」

## 1.「知識基盤社会」とは

 「生きる力」の育成が必要となる背景とされているのが、「知識基盤社会」の到来である。それは、新しい知識・情報・技術が政治・経済・文化をはじめ社会のあらゆる領域での活動の基盤として飛躍的に重要性を増し、競争と絶え間ない技術革新が社会・経済の発展の源泉となる社会である。それは、知識の生産や管理を行う経済活動や、情報テクノロジーなどを駆使した知識を基盤とする経済活動を意味する「知識経済」が、大きな力を及ぼし拡大しつつあるという国際的な状況を踏まえた社会像である。

## 2.「知識基盤社会」を生きる力

 知識経済が社会を駆動していく時代を生きる力として必要なのは、もはや、大量生産・流通・消費というシステムで経済・社会が回っていた時代に求められていた、与えられた情報をできるだけ短期間に理解し、再生し、反復する能力ではない。必要なのはむしろ、幅広い知識と柔軟な思考力に基づく新しい知や価値を創造する能力である。それは、既存社会のさまざまな枠組みにとらわれない、新たな社会を創造する力でもあるだろう。
 そうした能力として求められているのが「生きる力」であり、「確かな学力（知）」、「豊かな人間性（徳）」、「健康・体力（体）」の「バランスのとれた力」としてイメージされている。
 知・徳・体の「調和的発展」という問題は、古代ギリシャ以来、繰り返し追求されてきた教育思想上の課題でもあるが、今日それは、個々人

に降りかかる社会化の圧力を対象化しつつ、新たな社会秩序を創造していく基礎力として求められているのだと言えよう。

　生涯にわたる人格形成の基礎、生きる力の基礎を培う乳幼児期の教育を担う教育・保育専門職には、新たな社会の到来を見据えた教育・保育のこうした指針を理解したうえで、目の前の子ども一人ひとりの姿に寄り添いつつ教育・保育の実践を展開することが求められている。


【参考文献】
　有村久春『教育の基本原理を学ぶ』金子書房、2009年
　田浦武雄「教育的価値」細谷俊夫ほか編『新教育学大事典第2巻』第一法規出版、1990年、pp.318-320
　中央教育審議会答申「新しい時代にふさわしい教育基本法と教育振興基本計画の在り方について」2003年
　中央教育審議会答申「幼稚園、小学校、中学校、高等学校及び特別支援学校の学習指導要領等の改善について」2008年
　東京都私立短期大学協会編『教育原理』(短大双書)酒井書店・育英堂、1973年
　松井春満「教育理念」細谷俊夫ほか編『新教育学大事典第2巻』第一法規出版、1990年、pp.369-370
　松下佳代編著『〈新しい能力〉は教育を変えるか——学力・リテラシー・コンピテンシー』ミネルヴァ書房、2010年
　谷田貝公昭ほか編『教育基礎論』(教職課程シリーズ1)一藝社、2001年

# 第3章

# 人間の発達

五十嵐淳子

船田　鈴子

## 第1節　発達と人間形成

### 1．発達とは

**(1) 発達の意味**

　人間はさまざまな影響を受けて成長発達していく。とりわけ、子どもは自分を取り巻く社会の変化に刺激を受けやすく、現代のような急激で多面的な変容は子どもの成長・発達にさまざまな影響を与えている。

　人間は他の動物と比較し、未発達で未熟な状態で誕生する。ポルトマン（A. Portmann, 1897〜1982）が、人間は「生理的早産」と言っているように、人間は未熟な状態で生まれてくる。しかし、人間の赤ちゃんが未熟な状態で誕生することは、この後の育ちの大きな可能性と見合ったものであり、人間は、他の動物と比較にならないほど発達をもたらしたと言える。なぜならば、発達の過程において、さまざまな外界からの刺激を受けて成長していくことができるからだ。

　誰にも養育されずに人間の赤ちゃんの生存は不可能である。赤ちゃんは養育者との相互作用によって、安らぎや信頼関係を構築し、それを基に言葉や思考力が発達していく。人間の発達は、生まれた後に経験することに大きく左右されるので、乳幼児期の経験は知的や感情的な発達に大きく影響を与え、とても重要であると言える。自然に現れる内的な成熟と、環境や経験、学習等によって獲得した外部刺激がお互いに関係しながら進歩することで発育し、より優れた段階に向かうことができるのである。

　ロート（H. Roth, 1906〜1983）によると、発達は漠然とした個体の周囲に存在する環境だけによって促進されるのではなく、意図的な働きかけ・援助によって、より良く実現していくという。子どもは自明のこと

として自然に存在したままの環境によって一定程度の発達を遂げていく。しかし、意図的に具体的な環境を用意し、より良い方法で子どもに援助を与えることにより、子どもはそれに応じて具体的な発達を遂げていく。教育が「意図的な働きかけの機能」と称されるゆえんはここにある。

発達は、この意図的な働きかけによってより良く促進されるという。人間にとって発達とは、人間として価値的なあり方、意味深いあり方をその子自身が求め、そのあり方をそのつど実現していくことである。教育は、一人ひとりの子どもがその子独自に意味深く生きようとするために存在し、そのつどその子に沿って援助する働きである。子どもは周囲の人や文化との個々の関わり合いの中で、相互に応答しながら発達していく。

ランゲフェルド（M. Langeveld, 1905～1989）が「発達とは人間的な存在可能性の実現である」と定義しているように、彼は発達を人間として存在する可能性の実現、言い換えれば、人間としての価値の実現の内容と特徴づけている。

### (2) 幼児期の発達

密着した母子関係の下に生活していた時代が終わり、自立した個人として社会に参与できるべく成長を開始するのが幼児期である。母親による保護の時代から幼稚園や保育所などの集団へ足を踏み入れ、友達や保育者という新しい人間関係を広げていく。こうした生活空間の広がりとともに、この時期は言語の語彙数の獲得が著しく、表現も豊かになるが、伝達機能としては十分に効力が果たされていない。

生活面では、基本的な生活習慣が確立され身の回りの始末ができるようになったり、自分のことは自分でしようとする自立の意識が見られたりするようになる。

また、身体面においてもさまざまな運等機能が発達するが、歩く、走る、跳ぶなどはかなり上手にできるわりには、スキップ、縄跳びなどの

複雑な動作や2つ以上の機能を同時に使う動きなどは難しい。人間が人としてその成長の開始に当たる幼児期において、人間として要求されるさまざまな資質の中でその最も基本的で著しく発達する能力としては、以下のものが挙げられる。

①コミュニケーション手段としての言語能力
②移動探索のために必要とされる歩行、手の機能といった身体的活動能力
③社会の中で生活するための基礎的な自助行動としての基本的生活習慣
④他人の力に頼らず自力で行動し得るための自立性

幼児期は心身の発達が著しい時期であるが、各機能はまだ十分ではなく、未分化な状態である。また、全体的に自己中心的な言動が多いが、心理的・社会的に急激な変化を示す時期である。

### (3) 発達と適時性

「教育の適時性」に関して、「教育が早く行われ過ぎればその努力は無に帰するが、その努力が課題の学習されるべき教育的適時に合致すれば満足な結果が得られる」と心理学者のハヴィガースト（R. Havighurst, 1900～1991）は言っている［ハヴィガースト、1995］。

この考えから学べることは、「教育の適時性」は、より良い有効な発達のためにそのタイミングのあり方が追求されなければならない課題として存在している。この有効な発達のためのタイミングは、おのずと個人個人の発達の準備とかかわる「適時性」の議論につながっていく。

私たちは教育の適時性に関して考え方を深めるとき、この発達の準備との関連を追求しなければならない。そこで言っておきたいことは、心身の成熟度から見れば、ある内容を学習し受け入れることが可能な状態にあっても、その内容に対するその子の興味・関心・動機が欠けている場合には、将来にわたって生きる能力としての真の発達の「効果」は不

確実なものにならざるを得ないということである。

さらに、「教育の適時性」に関して避けては通れないことは「発達の個性・独自性」である。発達の個性・独自性は、子どもどうしを比較した場合の個人差の内容ではなく、その子の「その子らしさ」自体である。

個々の子どもは一定の発達の法則に従って発達の道筋をたどり、その時期の特徴的な発達段階を大枠に歩んでいく。しかし、なおそうでありながら一人ひとりは個性的な発達をしていく。発達とは、生涯の見通しの中で捉え直されるべきであると考える。人間には人生の中でのさまざまな出会いや気づきの時期がそれぞれ準備されている。人間としてさまざまに広く深く変容していく時期が、本当の意味での人間形成と言えるだろう。

## 第2節　発達課題と発達理論

### 1. 幼児期の発達課題

人間の発達の過程には、それぞれ異なった時期に異なった特徴が現れる。各年齢の発達的特徴を理解しやすくするために発達段階を設けているが、これはあくまでも平均的な発達の状態を示すものであって、子どもの発達には個人差があることを忘れてはならない。

一般的に「各発達段階の内容を十分に達成できなかった場合、次の段階の発達に悪影響を及ぼす可能性がある」と言われているように、各段階でその段階の発達を十分に達成しておくことが、次の段階での発達の必須条件である。このように、各段階に応じて必ず達成しておかなければならない重要な内容が発達課題である。

## (1) ハヴィガーストの発達課題

ハヴィガーストは「人が社会の一員として健全で幸福な成長を遂げるために期待される社会的役割に注目して発達課題を取り出した」と述べている（**図表1**）。

幼児や児童が「人」として成長・発達していくためには、具体的な課題が「できた」「できない」のみでその子が発達したと見なすのではなく、その子どもの成長にとって本当に必要なことなのか、価値のあることかを見極め、子ども一人ひとりに合った発達の内容を積極的に提供し、働きかけることが大切である。

そうすることによって、一人ひとりが自己の発達段階を各段階で十分に達成できることになり、成人まで問題をもたらすというような悪影響

**図表1　生涯を通しての発達課題**

```
1. 乳幼児期および幼児期（誕生からほぼ6歳まで）
①歩くことを学ぶ
②かたい食べ物を食べることを学ぶ
③話すことを学ぶ
④排泄をコントロールすることを学ぶ
⑤性の違いと性に結びついた慎みを学ぶ
⑥概念を形成し、社会的現実と物理的現実を表すことばを学ぶ
⑦読むための準備をする
⑧良いことと悪いことの区別を学んで、良心を発達させはじめる。

2. 児童期（ほぼ6歳から12歳）
①ふつうのゲームをするのに必要な身体的スキル（技能）を学ぶ
②成長している生物としての自分について健全な態度を築く
③同じ年ごろの仲間とうまくつきあっていくことを学ぶ
④男性あるいは女性としての適切な社会的役割を学ぶ
⑤読み、書き、計算の基本的スキル（技能）を学ぶ
⑥日常生活に必要な概念を発達させる
⑦良心、道徳性、価値基準を発達させる
⑧個人的な独立性を形成する
⑨社会集団と社会制度に対する態度を発達させる
```

出典：[髙橋ほか、1993] を基に作成

も少なくなる。子どもを無視した強制的な働きかけは、子どもの主体性を摘み取り、自律的な人間としての自己形成力を奪うことになる。子どもが「その子らしく」一人の人格者として発達できるような働きかけが必要である。

### (2) エリクソンの発達理論

人間の体の成長は、成熟した後は衰退していくが、精神に関しては、

**図表2　ライフサイクルにおけるエリクソンの8つの発達段階**

| 発達段階 | 発達課題 | 未達成時に直面する危機 | 重要な対象者 |
| --- | --- | --- | --- |
| ①乳児期<br>（0〜2歳） | **信頼性**<br>周囲の大人を信じられるか | 不信 | 母親<br>母親的人物 |
| ②乳児期前期<br>（2〜4歳） | **自律性**<br>自分の行動をコントロールし、抑えることができるか | 恥、疑惑 | 両親 |
| ③乳児期後期<br>（5〜7歳） | **自発性**<br>親から離れて自分自身が積極的に行動できるか | 罪悪感 | 家族 |
| ④学童期<br>（8〜12歳） | **勤勉性**<br>生きる力を習得できるか | 劣等感 | 学校<br>近隣 |
| ⑤青年期<br>（13〜22歳） | **自我同一性**<br>自分はどういう者なのか、自分の信念は何なのか<br>なりたい自分と期待される自分を調整していけるか | 役割の混乱 | 仲間<br>仲間以外の集団 |
| ⑥成人期前期<br>（23〜34歳） | **親密性**<br>自分自身が他者とどこまで親しくなることができるか | 孤立 | 友情、性愛、協力関係におけるパートナー |
| ⑦成人期後期<br>（35〜60歳） | **生殖性**<br>次の世代継承において提供できることは何か | 停滞 | 労働と家庭 |
| ⑧老年期<br>（61歳〜） | **自我の統合**<br>自分の人生に満足しているか | 絶望 | 親族<br>人類 |

出典：[改定・保育士養成講座編纂委員会、2011] を基に作成

人間は一生涯にわたって発達し続けることができるとエリクソン（E. Erikson, 1902〜1994）は発達理論の中で示している。生涯を通して心理・社会的危機を乗り越えながら継続的に発達していくものとして、人間の発達段階には一定の規則的段階があることに着目し、それをライフサイクルと呼んだ。

　ライフサイクルには8つの段階があり、人生の各時期において人格形成と社会適応のために達成しなければならない発達課題があると考えた（**図表2**）。周囲の人々や社会との関係の中で人格がどのように成長していくかという観点から発達を捉え、それぞれの発達段階において課題を達成していくことに重きを置いた。そして、もし課題が達成されなかった場合は、ストレス状態、人格形成の未熟状態等に直面すると考えた。

# 第3節　子どもの成長と環境

## 1. 実際の子どもの成長

　下記の実習生が記録したエピソードから、子どもとの関わりにより、子どもが成長していく姿を見ることができる。

〔実習生のエピソード〕

　降園間際の身支度の時、洋服のボタンを一人でがんばって留めようとしている子どもがいた。その子どものボタンを留めることを、実習生である私が3日間やっていた。しかし、4日目のその日は、私が声をかけると、私の手を押し、一人でボタンを留めようとずっとがんばっていた。なかなかうまくできずに手こずっていたが、諦めずに練習した結果、ボタンを留めることができた。すると、すぐに私の顔を見てにっこりとほほえんだ。こ

の経験から、直ちに声をかけて援助するのではなく、子どもの成長を見守ることも大切だということを改めて学んだ。

　子どもの成長は日々変化している。学生の書いたエピソードからは、最初は実習生の援助が必要だったことでも、いつか一人でできるようになることを支援し、一人ひとりに寄り添った関わりをすることで、徐々に子どもの自分でやってみたいという気持ちが高まり、自分でできないことをできるようになりたいと感じていたことが分かる。
　子どもとの関わりの中で、保育者は子どもの微妙な変化に気づき、見過ごさないことが重要である。決して強制ではなく、自然な形で子どもの自立を促すことが、子どもの成長を支えることにつながっていくのである。保育者は年齢による発達段階を理解するだけでなく、個人差を考慮し、目に見える部分だけでなく、目に見えない子どもの内面をくみ取ることが大切である。
　年齢に応じた発達段階を学ぶことは、非常に重要である。しかし、発育の違いや生まれ育った環境により、同じ年齢でも発達過程に相違が生じる。同年齢の子どもにおいてもAちゃんはできるが、Bちゃんはできないといったように、個人差がある。子どもの育ちを支えて援助することは、一人ひとりを受け止め、その子の個性がより良い方向に発展することを導くことである。

## 2．人間的成長と発達

### (1) 発達における遺伝と環境の関わり

　発達は、遺伝と環境のどちらかによるものかという問題が出てくる。確かに発達には遺伝も作用している。体つきや顔が親に似るという事実が体験的に知られているが、一方、同じ兄弟でも個別的な発達を遂げていくという事実も認められている。このことは発達が遺伝だけによるの

ではなく、個体の周囲の環境によって影響を受けるという事実を物語っている。

　発達に遺伝が影響を及ぼすという遺伝論では、人間の発達は遺伝だけで決まると言われていた。しかし、ワトソン（J. Watson, 1878～1958）は、人間の全ての行動は学習によって形成されると考え、成長や発達は、環境こそが影響を及ぼすので、子どもにとって理想的な学習環境を与えることが理想的な発達につながるという環境論を主張した。

　一方、シュルテン（W. Stern, 1871～1938）は、遺伝と環境の両方が共に発達に影響を及ぼすという考えを主張した。人間の遺伝的素質は、もともと多方向性を持つものであり、環境との相互干渉によって、初めて一定の方向を持つようになるという輻輳説を主張した。

　現代では、遺伝と環境のそれぞれがお互いに影響し合い発達に関係するという考え方の相互作用説が主張されており、遺伝と環境の両方が発達に影響を与え、環境を自ら作り、変化していくことができるという考え方が認められている。

　しかし、人間は遺伝と環境だけに縛られるのではなく、主体的に判断することによって、自分自身で自分の行動を選択できる力を持っている。すなわち、人間はより良い環境を求めて、自分自身で環境を変えることができる力を持ち合わせているのである。

## (2) 人間的成長を支える環境

　人間が人間らしく個人として、集団として生きていくための資質や能力を円滑に調和的に成長・発達させるためには、人間として生きる喜びを感じることが大切である。そんな生き方はどんな生き方なのか。共に平和のうちにみんな仲よく穏やかにぬくもりのある暮らしができるためには、私たちは何にどう取り組んでいったらよいのか。このような課題に立ち向かい、その人なりに精いっぱい生きることを学ぶことが本当の人間的成長ではないかと考える。

保育にとって必要なことは、「させられる学び」「強いられる生活」ではなく、本当の興味や関心が育つように導いていくことである。子どもが主体的に学ぶことを大切にし、点数主義、競争主義を排除し、できるようになる、分かるようになるといった喜びを感じ、学び合う、教え合う関係を作ることである。

　自分自身をかけがえのない存在として大切にし、自分に自信を持てるように個人の自立を大切にする。さらにゆとりある集団生活を展開しながら共生・連帯を図り、優しさ・思いやり・責任・信頼などの人間的体験を豊富にし、豊かな人間関係を築いていけるような場の営みが重要である。

　人間が望ましい成長と発達を遂げるためには、これまでの競争原理の上に組み立てられてきた知識・情報に偏った教育ではなく、生きていくことが最も楽しくすばらしいものに思えてくる学びの場、喜びや充実感を本当に味わえる場、癒やしと共感に支えられて生きる力が育まれるような場が必要である。

　子どもが人間としての発達に必要な子ども時代を持てるように、人材養成システムとしての競争を手段とした教育を行わず、子どもの興味と関心から学習を出発させることが大切である。自発的に学ぶことによって、子どもたちのみずみずしい感性が発揮される。そして仲間との学び合いを通して、一人ひとりの個性が認められ仲間との響き合いが生まれてくるのである。

　一人ひとりの子どもたちが自分自身をかけがえのない存在として大切にし、個人の自立を図りながら周りの環境と相互理解ができるようになったり、従来の学校の価値観を見直し、子どもの人格を認め、子どもに寄り添った人間教育を創造していったりすることができる空間であること、その中で子どもたちは主体的に自分で学ぶことの大切さ、喜びを感じ、学び合う・教え合う関係を作ることが重要である。

　また、みんなで遊ぶことの大切さ・楽しさを共有し、人間的な触れ合

いを通して、人としての痛みや喜びなどを共感し、人間関係づくりのルールを学んでいく。子どもどうしが共に学び合い、つながれるよう生き生きとした豊かで安らぎのある場所にしていく必要がある。

　学びの主体者は子どもであることを忘れず、子どもたちが自らの異なった持ち味や個性を発揮しながら他の人々とも連携し、知識や情報を適切に選択し吸収して、直面する内外のさまざまな問題解決に向かっていく基礎能力を育成することが、子どもの成長を支えることにつながっていくと言えるだろう。

**【引用・参考文献】**

池田隆英・池田隆英・上田敏丈・楠本恭之・中原朋生編著『なぜからはじめる保育原理』建帛社、2011年

岡田正章・笠谷博之『教育原理・教職論』酒井書店・育英堂、2005年

改定・保育士養成講座編纂委員会『発達心理学』社会福祉法人全国社会福祉協議会、2011年

高橋道子・藤崎眞知代・仲真紀子・野田幸江著『子どもの発達心理学』新曜社、1993年

田嶋一・中野新之祐・福田須美子・狩野浩二『やさしい教育原理』有斐閣、2008年

R・J・ハヴィガースト（庄司雅子監訳）『人間の発達課題と教育』玉川大学出版部、1995年

菱田隆昭『幼児教育の原理〔第2版〕』（新時代の保育双書）みらい、2009年

# 第4章

# 子ども理解

宍戸　良子

## 第1節　子ども観の変遷

### 1．歴史的・社会的に変化する子ども観

#### (1) 子ども観とは

　子ども観とは、子どもを取り巻く大人が「子どもをどのような存在として捉えるか」という価値観である。周りの人と、「子どもとは〇〇である」という自分なりの子どもの定義について話し合ってみよう。多様な捉え方の中に、系統だった意識の存在に気がつくかもしれない。

　このように子ども観は、その人の育った環境や、現在までの学び、また実際に子どもとの触れ合いを通しての実感など、個々のさまざまな経験とともに、その時代や社会に根づいている思想や価値観が、知らず知らずのうちにも色濃く反映されながら形成されるものである。

　私たちは、子どもを大人と区別して捉えることを、ごく当然のことと考えている。実際、子ども関連の法律を見ると、呼称や年齢区分は各法律によって定義に違いはあるが、子どもは大人と明確に区別されている（詳しくは［林ほか、2005］p.227「各法令による青少年の呼称及び年齢区分」参照）。

#### (2)「子どもの発見」と変容

　私たちは「アイデンティティを構成する要素」として年齢が持つ社会的な意味合いを考慮し、年齢段階にふさわしい行動をとるよう意識しながら過ごしている［河原、1998］。ところが、かつて子どもは大人との区別がなく、役に立たず不完全で無能な存在、すなわち「小さな大人」とみなされていた。それゆえ、物事の教え込みや訓練が重視され、体罰も当然視され、子ども独自の価値や権利が尊重されることはなかった。

ルソー（J.-J. Rousseau, 1712～1778）の著書『エミール』よって「子どもの発見」がなされてから、子どもは初めて大人と区別され、独自の世界が意識されるようになった。アリエス（Philippe Aries, 1914～1984）は『〈子供〉の誕生』の中で、「子ども期」という概念が生まれるプロセスを紹介し、また『〈教育〉の誕生』では、「17世紀には無視され、18世紀に発見された子どもは、19世紀には専制君主となる」と述べている。

　子どもが「発見」される以前の家族では、多産こそ「唯一自由にできる富」と捉えられていた。近代家族になると、子どもにより良い未来を保障するためには、子どもの数は一定数を超えてはならないという考えが定着していった。このように子どもが独自の価値を持つ家族の一員として意識されるようになったのは、わずか数百年前のことである。

　ポストマン（N. Postman, 1931～2003）は『子どもはもういない』の中で、印刷術の普及による読み書きの浸透によって、識字能力の有無を根拠に大人と子どもは区別されたと述べている。さらに興味深いのは、「相手を選ぶことなく情報を提供する」テレビの出現は、近代が作り上げた「子ども期」を消滅させつつあるというポストマンのもう一つの主張である。メディア社会の行く末を危惧する主張と言えるが、このように「子ども期」は、時代とともに変化を遂げていく可能性がうかがえる。

## 2．日本における多様な子ども観

　一つの時代に唯一の子ども観が存在するのではなく、たいていの場合、多層的な社会の中で多様な子ども観が存在し合い、変化・発展を遂げていく。日本の場合を見てみることにしよう。

### (1) 子ども観の変化

　日本では、万葉集の歌の中に、成長に伴う髪型や衣装の変化が見られ、また中世（12世紀末～16世紀後半）の書物や絵巻物に子どもの姿が登場してくることから、日本における「子どもの発見」は、西欧よりも早

かったのではないかという説がある。「7歳までは神のうち」と言われるように、7歳までは産神(うぶがみ)の保護にあり、それを過ぎると地域社会の氏神(うじがみ)の下で、地域の子ども集団である「子ども組」の一員として構成された。そこでは階層や男女の別というように、多様な世界の中で分相応のしつけを受け、共同体の一員としての役割を担った。

　民衆の中に多様に存在した「子ども」は、1872年の学制により、社会的に大きく変容していく。近代国家を担う国民の育成が早急の課題とされ、子どもたちは学校という世界に隔離され、一律に教育を受ける存在となっていった。全国の小学校就学率は、学制の公布から6年で40％を超え、30年後にはほぼ100％近くまで到達する。戦後の高度経済成長期には、更なる経済発展を目指して「未来の労働者」を育成するために、知識や技能の習得を重視した教育がなされていった。「子ども」はある一定の年齢になると一律に学校へ行くとなったルーツが、ここにある。

## (2) 文学の中の子ども観

　「子ども」の存在が確立されたからこそ、児童文学が生まれた。その時代に大人が子どもをどう見ていたのか、また大人が子どもへどのような思いを抱いていたのかを知る手がかりとして、児童文学が有効となる。

　1918年、鈴木三重吉（1882〜1936）など童心主義者により『赤い鳥』が刊行された。この時代の文学に登場する子どもは、純粋で無垢な姿に描かれている。後に、子どもを理想化し現実から目をそらしていると批評されるが、ここでは子どもたちこそは誰しもが、優しく思いやりのある存在であってほしいという思いが高らかにうたい上げられている。

　また、『ぐりとぐら』の著者である中川季枝子が1962年に出した『いやいやえん』は、初めて子どもの立場から世界を捉え、子ども自身が理解できる言葉で表現した革新的な作品として名高い。

　このように、大人の子どもに対する期待や願望が先行する形で、またときには、等身大の子どもの姿を子ども自身が共感できる形でクローズ

アップされ、その時代時代の子ども観が形成されていったことが分かる。

## 3. 新しい子ども観

　エレン・ケイ（E. Key, 1849～1926）は、『児童の世紀』の中で「20世紀は児童の世紀である」と宣言した。実際には戦争を免れない世紀となり、第一次世界大戦で犠牲になった子どもたちの救済や保護が急がれる中で「子どもの権利」という概念が生まれ、1924年に世界で初めての子どもの権利宣言であるジュネーブ宣言が国連で採択された。

　しかし、その後も第二次世界大戦が起こり、多くの子どもたちが犠牲となった。1948年、世界人権宣言が採択され、その精神に基づき、1959年に「子どもの権利宣言」が制定された。

　1989年には、子どもの意見表明権などが明記された「子どもの権利条約」が国連で採択され、日本は1994年に批准した。これは、子どもを"保護の対象"ではなく"権利を行使する主体"として捉えた点において、子ども観の大きな転換を意味する。一連の流れの中で子どもの権利思想に大きな影響を与えたヤヌシュ・コルチャック（J. Korczak, 1878～1942）は、この条約が採択される70年も前から、子どもの最善の利益が何よりも先に重視されなければならないと主張し続けてきた。

　21世紀においてもなお戦争や紛争が絶えず、貧困、飢餓、虐待といった深刻な問題が山積みとなっている今日において、こういった権利観に基づく保育・子育て環境の整備は、早急の課題であると言える。

# 第2節　子どもをどう理解するか

## 1. 子どもを理解するには

　前節で見てきたさまざまな子ども観は、一般的な「子ども」に関する

概念であり、保育者が思い描く子ども像のベースとなりうる大きな要素である。また、子どもがどのような姿になることを「発達」と捉えているかという発達観も、子ども理解に大きく影響するものである（発達については第3章を参照）。

　子ども理解のためには、もう一つ意識すべき大事な観点がある。それは「個」への配慮である。周りを見渡せば一目瞭然だが、顔・声・体つきといった外見から、趣味嗜好・性格・考え方といった内面、またその人の生き方に及ぶまで、誰一人として同じ人間はいない。このように私たちは、その子を取り巻く家庭環境や兄弟、友達関係といった生活の中で一人ひとり異なるストーリーが存在することを念頭に置き、それぞれの状況の中のその子を捉えていくことが重要となる。

　あなたが子ども理解の難しさを実感するのは、どのようなときだろうか。恐らく、その子へ期待する姿または導きたい方向性や意図に対して、目の前の子どもの姿にズレを感じたときではないだろうか。理解しがたい目の前のもやもやとした状況から逃れたくて、「気になる子」という一つの枠に押し込めることで整理された気持ちになる。

　しかし、それは子ども理解とは言えない。そのズレの意味に向き合い、その子にとっての言動の意味を探り続けることで、初めて一歩真意に近づき、援助のあり方を模索することが可能となる。この過程こそが、子ども理解に求められる姿勢である。

## 2．子どもの言動をどう見るか

### (1) 保育者の思いと子どもの思い

　では実際、保育の場で、どのように子どもを理解していったらよいか。次に挙げる事例は、興味が偏って見える、育ちが良く見えない、気難しい子で言葉かけに悩む、といったように、保育者にとって「気になる子」であったこうき君（4歳児・仮名）のエピソード（ある幼稚園で実際に担任の保育者または筆者が記録したもの）である。

■エピソード1

　【5月下旬】　ボーリングゲームを行うため、担任が床に目印のビニールテープを貼っている姿をこうきは見ていた。その後、ボールを投げる順番でもめている他児2人の傍らで、こうきはボールを脇に抱えたまま、床の目印に合わせてピン（恐竜の絵）を並べ続けていた。保育者が「3人で順番にボーリングをしたら？」と声をかけると、こうきは怒る。
　別の日、こうきは保育者が行っていたように、床にビニールテープを貼り、ピンを置く場所を作っていた。絵を描くことが好きな他児らはピンを作り、その目印に合わせて置いた。

　実際にエピソード1を読んだ学生からは、**図表1**（1）のような意見が挙げられた。ここから推察できることは、＜皆でルールを守って順番に楽しく遊んでほしい→こうき君は並べることしかしていない→本来意図している遊び方ではない→楽しくないはず→かわいそう→3人は「順番」の大切さがわかっていない→皆でいっしょに、楽しく遊ぶための援助が必要である→「3人でやったら？」と声をかける→こうき君が怒る意味が分からない→こうき君はやっぱり難しい子、他児にも課題がある＞という思考の流れではないだろうか。
　このように、保育者の導きたい方向性（意図）を基準にして、子どもの姿は意に反しており、理解しがたいあるいは課題があるというように見ていると、「気になる子」と捉えてしまうことがある。これらはそもそも、担任の保育者の直接的な意見や意図ではなかったものの、実際に担任の保育者に聞くと、同様の意見が挙げられた。
　一方、あなた自身が《こうき君の立場》だったら、どのような思いを持つだろうか。実際に学生から挙げられた意見は、**図表1**（2）のとおりである。このように、「ピンを並べること」や「保育者のまねをすること」に関心があるのではないかという意見が多数を占めた。ここから、こうき君は自分の興味に従って遊んでいるという意見から、「決してか

図表1　エピソード1に関する学生の解釈

| (1) 保育者の思い | (2) こうき君の思い |
|---|---|
| ・<u>皆</u>で、<u>いっしょ</u>に、<u>楽しく</u>遊んでほしい。……多数<br>・「<u>順番</u>」というものを学んで、<u>平等に</u>遊んでほしい。……多数<br>・こうき君にもボールを投げて恐竜を倒すという、<u>本来の遊び</u>をしてほしい。<br>・並べることしかやっていないこうき君は、<u>かわいそう</u>。 | ・ピン（恐竜の絵）を「倒す」ことよりも「並べる」ことが楽しい。……多数<br>・保育者のまねがしたい。……多数<br>・ゲームをしたいわけではない。<br>・誰にも介入されずに、一人で遊びたいからじゃましないでほしい。<br>・ボールを投げることや絵を描くことは苦手だから、他のことで混ざりたい。 |

（下線は筆者）

わいそうな存在ではない」という声も挙がった。また、「一人遊びがしたかったのではないか」という意見が出された一方で、「本当は他児といっしょに遊びたいのではないか」という相反する見解も示された。

このように、一つのエピソードから全てを理解しようとすることは難しいが、意見を交わすことで、さまざまな見解が得られることが分かる。

(2) その子にとっての意味

時系列的に、もう少しこうき君のエピソードを見てみることにしよう。

■エピソード2
【6月5日】　椅子を並べてお弁当ごっこ（お弁当箱におかずを詰めて、「はい、どうぞ」と他者に渡す遊び）をしている他児らがいるそばで、こうきは同じ遊びをするのではなく、絵本を持ってきて、その子たちに向けて読み聞かせをするように絵本を開いて見せている。

このエピソードに対して、学生からは、**図表2**に示すように、「なぜ」、「どうして」と、こうき君の気持ちに寄り添って行動の意味を理解しようとする意見が出された。またこうき君は、「一人遊びがしたいのではなく、他児との関わりを求めているのでは」という見解が示された。

## (3) 子どもの「見え方」の変化

さらに、時系列的に2つのエピソードを紹介したい。

■エピソード3

【6月8日】 初めは「やらない」と言っていたが、一斉の活動で"だるまさんが転んだ"をやった。自由遊びの時間には混ざらず、"だるまさんが転んだ"をしている皆のそばで、そのルールの絵（線や○〈鬼の位置〉、×〈行ってはいけない場所〉）を描いていた（こうきは、絵が得意な子どもではない。○がやっと描ける程度）。

■エピソード4

【6月11日】 担任と他児らが廊下で"だるまさんが転んだ"をしていると、保育室でお弁当ごっこをしていたこうきは、廊下の方をちらちら見ながら、急いでかごにお弁当を詰め始める。詰め終わると廊下へ行き、皆に向かっ

**図表2　エピソード2に関する学生の解釈**

| (1) 保育者の思い | (2) こうき君の思い |
|---|---|
| ・何がしたいのだろう。 | ・保育者のまねをしたい。 |
| ・お弁当を食べる前に行っている保育者の読み聞かせのまねをしているのかな。 | ・幼稚園ごっこの気分。 |
| ・<u>どうしてこうき君は皆と遊ぼうとしないのだろう</u>。 | ・注目してもらいたい。 |
| ・皆と違うことをしているのに、<u>どうしてそこにいるのかな</u>。 | ・混ざっているつもり。 |
| ・皆と遊びたいのだろうが、<u>なぜ異なる遊びで関わろうとするのだろう</u>。 | ・本当はいっしょに遊びたいけれど、自分からは入れない。 |
| ・混ざりたいけれど、自分からは言えないのかな。 | ・何かを他者に「してあげる」ことが好き。 |
| ・参加しているつもりなのだろうか。 | |
| ・なんとなく寂しい子。 | |
| ・お弁当ごっこと絵本の関係性が分からない。 | |
| ・もう少し様子を観察してみよう。 | |

（下線は筆者）

て大きな声で「疲れたとき、おべんとう食べにきてね！」と言う。担任が「ありがとう」と答えると、こうきは皆の姿がよく見える場所に座り、皆が"だるまさんが転んだ"をやる様子を笑顔で眺めている。その後、皆でこうきが持ってきたお弁当を食べた。

　同様に、それぞれの思いに対して挙がった意見は、**図表3**のとおりである。こうき君なりの遊びへの参加の仕方や意図があることに気づき、網掛けで示した部分において、《保育者の立場》から考察したこうき君の言動の意味への解釈が、《こうき君の立場》の思いと呼応している。

### (4) 子ども理解における大切な姿勢

　エピソード1からそれぞれの立場に立った解釈について振り返ってみると、エピソードを突き合わせて共同で考察を重ねるごとに、保育者の意図に対してのこうき君の姿のズレから、こうき君自身にとっての意味へ着眼点が移行していったことが分かる。あなた自身エピソード1～4へ向き合う中で、こうき君の「見え方」に変化があっただろうか。

　子どもにとっての意味を理解しようとするうえで大切となる姿勢について、次にまとめる。

　①主体はあくまでも子どもであるということを念頭に置き、保育者の意図を基準にするのではなく、その子が関心を持ち熱中していることに着目していくこと。

　②瞬間だけを見るのではなく時系列的に振り返りながら繰り返し事実に向き合うこと。エピソード1だけでは計り知れなかったその子にとっての意味が、エピソード2では少し視界が広がり、エピソード3、4と事実を追っていく中で、新たな気づきに出会う。その気づきをもってエピソード1をもう一度振り返ってみることで、気づきが根拠のある確信に変わっていくのである。

　③共同で解釈すること。複数の目で事実に向き合い意見を交わす中で、

単独では想像もできなかったようなその子にとっての意味に近づいていくことができる。この作業は、楽しい発見の場であり、一番の醍醐味とも言える。

このような姿勢で事実に向き合う中で、初めてその子にとっての行動の意味が見えてきて、その子の見え方が変わるのである。子ども理解は、決して簡単にできるものではなく、時間がかかる。だからこそ、日々の言動を記録し、振り返りながら共同解釈を進めていくことが重要となる。

実際こうき君は、この後も好んでカセットテープデッキの操作という誰しもが難しいことへ挑戦し、そこに自らのサポーター的役割を見いだし、友達の信頼を得ながらクラスの輪の中へ入っていった。保育者がその子なりの考えや言動の意味に気づくと、「気になる子」ではなくなり、「確かな育ちを実感できる子」として捉えられていくのである。

**図表3　エピソード3、4に関する学生の解釈**

| （1）保育者の思い | （2）こうき君の思い |
|---|---|
| ・初めて皆に自分の思いを伝えてくれてうれしい。<br>・他児とは異なった形でも、関わりを求めて、楽しんでいるのだな。<br>・皆といっしょに遊ぶのが嫌なのではなく、こうき君なりに混ざりながら遊んでいるのだな。<br>・よく気がつく子だな。<br>・人一倍皆のことを思っているのではないだろうか。<br>・皆のためになることを進んで行って、楽しんでいることがわかって安心。<br>・自分の役割を見つけて、サポート役になって楽しみを見つけているのかな。 | ・ルールは難しいけれど、混ざりたい。<br>・お弁当をきっかけに、仲よくなれたらいいな。<br>・皆の役に立ちたい。喜ぶ顔が見たい。僕には役割がある。<br>・皆と関わりたい。それはいっしょに遊ぶということではなくて、皆がうれしいと思えるようなことをしてあげたい。<br>・皆が大好き！サポートしたい。 |

（網掛けは筆者）

## 第3節　子どもを「見る目」と教育観

### 1. さまざまな成長観

　子どもを「見る目」と「成長」の捉え方は密接に関連しており、いくつかの系統に分けることができる。ここでは、子どもの見方と成長観および教育のあり方の関係性について注目していきたい。

#### (1) 動物的成長観と植物的成長観

　旧約聖書に見られるように、子どもの内にあるものは悪であるがゆえに、そのまま成長してはいけないと考える成長観がある。このような成長観では、子どもは、戒めや訓練が必要な存在として捉えられる。また、一定の基準を設け、できたら報酬を与え、できないと罰を与えるといったアメとムチによって動物をしつけるような教育のあり方を求める。

　このような性悪説と結びついた動物的成長観とは異なり、子どもの発達を植物的に捉える成長観がある。これはルソーに代表される考え方であり、性善説の立場で子どもを善なるものと捉えることが前提にある。そして、「自然」に対して全幅の信頼を置き、その歩みに即して、発達の段階にふさわしい事柄を自ら経験を通して学ぶことこそ重要であると考える。このような成長観では、内なるものが開花していく姿を最小限の援助で見守るという「消極的教育」と呼ばれる教育のあり方を求める。

　このような考えは、「直観」を重視したペスタロッチ（J. H. Pestalozzi, 1746～1827）や、万有在神論を唱えたフレーベル（F. W. A. Fröbel, 1782～1852）にも継承され、日本にも広く浸透した。

(2) 機械的成長観

　子どもは機械を組み立てるように成長するものと見なす成長観がある。プログラム学習の理論を体系化しティーチングマシーンを開発したスキナー（B. F. Skinner, 1904～1990）に代表されるこのような考え方では、成長は行動の変容として捉えられ、スモールステップによる訓練とそのつど繰り返すフィードバックによって、効率よく望まれる行動が強化されることに重点が置かれる。

　ここでは、因果関係（原因と結果）ですべてが解決すると認識されている。つまり、人間はいかようにも育てられるという思考があり、個々人の考えや意思は、じゃまなものとして排除される危険性がある。

(3) 「芸術」への比喩

　教育を「芸術」になぞらえ、その類似性に着目して子どもの成長を捉える見方がある。芸術家は創造的表現者であるが、保育者もまた、思いをこめて環境を構成したり言動で示したりする表現者であり、一人ひとりに向き合い日々の保育を営む創造者である。このように芸術と教育には、対象に対して丹念に時間をかけ愛情を注ぐ崇高な営みという点で共通点が見られるが、一方で大きな相違点が存在する。

　芸術家は、いかようにでもアレンジした生成物を自身の作品として取り扱うことができる。しかし教育の場合は、個々の多様な人格を育むという繊細で特有な性質が存在するため、子どもの置かれた状況や考え・意思を無視し、自分の作品だと主張することはできない。

　ここに教育の特有性があり、それゆえに私たちは一人ひとりの人権を尊重し、それぞれの状況を十分に踏まえ、個に応じていく必要がある。

## 2. 子どもを取り巻く大人たちのあり方

　子ども理解は、教育行為の出発点となるものである。子どもの「見え方」が変わることで、指導の方法、評価の仕方、援助の言葉かけ一つ一

つに至るまで変化していく。それゆえ、常にその子にとっての意味を理解しようと努め、事実に向き合っていくことが保育者に求められる使命である。教育理論を学ぶと同時に、ぜひ、実際に子どもとの関わりの中で、実感として学びを深めてほしい。子どもたち一人ひとりの生きた学びの場に立ち合えることは、この仕事の最大の魅力とも言えよう。

　子ども理解の深まりは、子どもを見る保育者自身の人間的な豊かさの深まりであり、保育者としての成長でもある。個々の子ども理解を深め、自分自身の子ども観をあらためて見つめ直しながら再構築していくことが、教育に携わるうえで重要となってくるのである。

　また、保護者との関係をいかに築くかということが、保育者にとって大きなテーマである。子どもの成長という事実を、保護者とどのように共有していくかが大きな要になる。そのために私たちは、今その子に育っている学びの様子をタイムリーに伝達し、同じ目線で子どもを捉えてもらえるように説明責任を果たしていくことが求められるのである。

【引用・参考文献】
　P・アリエス（杉山光信・杉山恵美子訳）『〈子供〉の誕生』みすず書房、1981年
　乙訓稔『西洋現代幼児教育思想史――デューイからコルチャック』東信堂、2009年
　河原和枝『子ども観の近代』中央公論新社、1998年
　野上暁著『子ども学 その源流へ――日本人の子ども観はどう変わったか』大月書店、2008年
　N・ポストマン（小柴一浪訳）『子どもはもういない――教育と文化への警告』新樹社、2001年
　谷田貝公昭責任編集『図解子ども事典〔普及版〕』一藝社、2005年

# 第5章

# 世界の教育思想

伊藤 潔志

## 第1節　古代の教育思想

### 1. 古代ギリシャ

#### (1) ポリスの教育

　古代ギリシャは、紀元前9～4世紀に栄えた。古代ギリシャの人々は、「ギリシャ人」としての同族意識は持っていたが、政治的にはポリスと呼ばれる都市国家ごとに分立していた。代表的なポリスとしてはアテナイとスパルタが挙げられるが、政治体制の違いが教育のあり方の違いとして現れている。民主制を採用していたアテナイにおいては心身の調和した人間の育成が目指されていたが、軍国主義のスパルタでは軍人の育成が目指されていた。

#### (2) ソフィストの教育

　ペルシア戦争後、アテナイがギリシャの覇権を握ると、アテナイは黄金時代を迎えた。これは、アテナイの民主制が黄金時代を迎えたということでもある。古代ギリシャの民主制は奴隷制度を前提としてはいるものの、現在の民主主義の源流に当たる。

　この民主制の中から登場してきたのが、プロタゴラス（Protagoras, BC494/488～424/418）やゴルギアス（Gorgias, BC485頃～375頃）といったソフィストである。ソフィストは、金銭と引き換えにさまざまな事柄を教える教師で、元来は「知恵のよく働く人」「知恵をよく働くようにしてくれる人」といった意味であった。ソフィストが教える事柄で最も重要なものは、弁論術である。民主制である当時において、弁論術は立身に有効な手段だったからである。

　しかし、弁論術は言論を用いて相手の意見を打ち負かすための道具で

ありソフィストは詭弁家にすぎない、という批判が当時からあった。また、ソフィストは何が真理なのかには関心がなく、思想的には相対主義や懐疑論に行き着くという批判もあった。

このような批判は、ソクラテス（Sokrates, BC470/469 ～ 399）やプラトン（Platon, BC428/427 ～ 348/347）の影響によって形成されたイメージであるとも言われている。したがって、詭弁家としての「ソフィスト像」は、必ずしもソフィストの実像を示しているとは限らない。

### (3) ソクラテスの教育思想

ペロポネソス戦争以降のアテナイの没落とともに登場してきたのが、ソクラテスである。ソクラテスは、「人類の教師」とも呼ばれ、しばしば理想の教師像の一つとされる。ソクラテスは著作をいっさい残さなかったので、ここでは最もソクラテスの実像に近いとされているプラトンの初期対話篇を基に、ソクラテスの思想と教育を見ていこう。

ソクラテスの座右の銘は、「汝自身を知れ」であった。これはデルポイにあるアポロン神託所の入り口に刻まれていた言葉で、「身の程をわきまえなさい」といった意味であった。これをソクラテスは、「自分の無知を自覚すること」すなわち「無知の知」を表す言葉として受け取り、自らの思想の核心とした。

ソクラテスは、アテナイの裁判によって死刑を宣告され、自ら毒をあおった。偉人であるはずのソクラテスが、なぜ裁かれたのか。不条理とも言えるソクラテスの生涯を決定づけたのは、「ソクラテス以上の知者はいない」というアポロンの神託であった。

『ソクラテスの弁明』によると、自分を無知だと考えていたソクラテスは、この神託に大いに驚いた。そこで、神託を反証するため、賢人と評判の人たちのもとを訪ねて対話し、自分よりも賢い人を見つけようとした。しかし分かったことは、彼らも善美の事柄については無知だということだった。しかも彼らは、そのことについて無自覚だった。ソクラ

テスは自らの無知を知っていたが、彼らは知らなかったのである。ソクラテスの企ては、神託を証明する結果となったのである。

このときソクラテスが行った対話は、日常的な会話とは違い、ソクラテスが問い、相手が答える、という形式をとる。ソクラテスは無知なので、問うだけである。それゆえソクラテスの対話の形式は、問答法（対話法）と呼ばれる。

ソクラテスの問いは、「正義とは何か？」「勇気とは何か？」といった、倫理的な問いであった。対話の相手は、その問いに答える。答えるということは、答えを知っていると思っているからだろう。しかし、ソクラテスに問いを重ねられるうちに答えに窮し、アポリア（行き詰まり）に陥る。こうして対話の相手は、自分の無知を自覚するに至る。

この意味で問答法は、相手に無知を自覚させるための教育方法だと言える。これを機にソクラテスは、問答法によって青年を教育することにいそしむようになる。ソクラテスの問答法は、青年の魂の誕生に立ち会うことから、産婆術（助産術）とも呼ばれる。無知であるソクラテスは、知を教えることはできないが、知の誕生を助けることはできたのである。これは、（注入主義に対する）開発主義の教育と解釈することができるだろう。

ソクラテスのこうした活動は、ソクラテスを信奉する青年を生み出す一方で、面目をつぶされた「賢人」の恨みを買うことにもなった。これが、後の裁判での判決に大きな影を落としていたのである。

### （4）プラトンの教育思想

ソクラテスの弟子であるプラトンの教育論は、『国家』において著されている。『国家』は、「正義とは何か？」という問いから始まり、哲人政治などプラトンの理想の国家像が示されている。そして、その国家像の一つとして、プラトンの教育論が語られているのである。そこでは、人間を個人の天分によって哲人（君主）・軍人・庶民の3つの階級に分け、

それぞれに応じた教育をするべきだと主張されている。

　プラトンはアカデメイアという学塾を創立し、実際に弟子の教育に当たっていた。この時代の学塾としては、他にもイソクラテス（Isokrates, BC436～338）が創立した修辞学校、プラトンの弟子であるアリストテレス（Aristoteles, BC384～322）が創立したリュケイオンなどがある。

## 2．古代ローマ

　古代ギリシャの教育が学校を中心としていたのに対し、共和政ローマの教育は家庭が中心であり、読み・書き・計算の教育が行われた。しかし、ギリシャの文化に触れるようになると、ルードゥスと呼ばれる初等学校が成立した。さらに帝政期に入ると、ギリシャ文法を教える文法学校や修辞学・弁論術を教える修辞学校が成立した。

　共和政ローマの代表的な思想家として、雄弁家・政治家でもあったキケロ（M. T. Ciccero, BC106～43）がいる。キケロはギリシャ的教養人で、学問を通して国家に奉仕する人材を育成するエリート教育論を提唱した。また、帝政ローマの教育者であるクインティリアヌス（M. F. Quintilianus, 35頃～100頃）は、ローマに修辞学校を設立し、キケロの影響の下『弁論家教育論』を著した。

# 第2節　中世の教育思想

## 1．中世ヨーロッパの教育

　帝政ローマ末期にキリスト教が公認され、さらにゲルマン民族の大移動が始まると、ヨーロッパ世界が成立した。4世紀末～13世紀にわたる中世ヨーロッパ世界の特徴の一つは、キリスト教の力が強大だったこと

である。そのため、この時代の教育はキリスト教神学を背景としたキリスト教教育が中心であり、学校も教会学校・宮廷学校が中心であった。しかし中世末期になると、ボローニャ大学やパリ大学などが誕生している。

### 2. キリスト教神学

アウグスティヌス（A. Augustinus, 354〜430）は『神の国』などを著し、新プラトン主義の影響の下、三位一体説など古代キリスト教を確立した。中世に入ると、キリスト教神学はスコラ哲学として発展した。その大成者であるトマス・アクィナス（T. Aquinas, 1225〜1274）は『神学大全』を著し、キリスト教思想とアリストテレス哲学とを統合した。

## 第3節　近世の教育思想

### 1. ルネサンス

近世に入り教皇権が失墜すると、15世紀初頭〜16世紀にかけてルネサンスと呼ばれる文芸運動が起きた。ルネサンスとは、キリスト教以前の文化、すなわち古代ギリシャ・ローマの文化の再生を目指す運動である。神中心の価値観から人間中心の価値観への転換を目指すこの理念を、ヒューマニズム（人文主義）と呼ぶ。その代表的な思想家であるエラスムス（D. Erasmus, 1466〜1536）は、『愚神礼賛』で教会の偽善を告発する一方、『学習方法論』や『幼児教育論』などの教育論を著した。

### 2. 宗教改革

教皇権の失墜は、他方で宗教改革をも引き起こした。ドイツの神学者

ルター（M. Luther, 1483 〜 1546）は、16世紀初頭、免罪符の乱発に対して「95箇条の論題」を掲示して抗議した。ルターに端を発した宗教改革運動は、学校を教会の支配から引き離し、学校の世俗化を促すことにもつながった。

## 3. 実学主義

### (1) コメニウスの教育思想

　17世紀に入り近代科学が発展すると、実学主義が台頭してきた。実学主義は実生活に役立つ知識を重視し、古典語学習を重視しない点で人文主義とは区別される。

　この実学主義の教育思想家として、まずボヘミアの教授学者コメニウス（J. A. Comenius, 1592 〜 1670）が挙げられる。コメニウスは、世界で最初の挿絵入りの教科書である『世界図会』を著した。これは、直観教授の思想を具現化したものである。また『大教授学』では、「あらゆる人にあらゆる事柄を教授する普遍的技法を提示する大教授学」と述べられているように、体系的な教授学を示そうとした。その教授学は「自然に従え」という言葉に代表される客観的自然主義に基づく。そして教育内容として、実生活に即した具体的知識・技能を習得させる実質陶冶を目指した。

### (2) ロックの教育思想

　イギリスのロック（J. Locke, 1632 〜 1704）も、代表的な実学主義の教育思想家である。ロックは教育思想家としてだけではなく、イギリス経験論の哲学者としても、またアメリカ独立革命に影響を与えた社会思想家としても有名であり、『教育論』『人間知性論』『統治二論』といった著作を残している。

　経験論哲学者であるロックは、生まれたての人間は白紙（タブラ・ラサ）のようなものであるとする白紙説を唱えた。これは教育の可能性を

大きく認めようとするものであり、ロックの教育論は紳士の子弟だけに限定されたものではないことがうかがえる。また、教育内容としては、一般的能力を育む形式陶冶を主張した。

# 第4節　近代の教育思想

## 1. 啓蒙主義

### (1) ルソーの教育思想

18世紀後半になると、啓蒙主義が教育思想に影響を与えるようになる。啓蒙とは理性の光によって蒙昧な状態を啓くことで、啓蒙主義は社会の不平等・不自由の打破を目指した。

スイスのジュネーブ出身でフランスで活躍したルソー（J-J. Rousseau, 1712 〜 1778）は、『学問芸術論』で学問や芸術の発展は人間を不幸にしたと主張し、懸賞論文に当選した。さらに、『人間不平等起源論』では、社会状態が人間を不平等・不自由にしているとし、自然状態が理想状態なのだとした。このような人間観・社会観は、フランス革命に影響を与えた『社会契約論』と、教育論である『エミール』とに結実していった。

『エミール』では、家庭教師がエミールを教育していく過程が、小説の形式で描かれている。この中でルソーは、子どもには大人とは異なる独自の価値があることを明らかにした。それゆえルソーは、「子どもの発見者」と呼ばれる。しかし、子どもといってもさまざまな段階がある。そのため『エミール』では、発達段階に応じた教育が行われている。

また『エミール』では、人間の内なる自然に基づいて教育をするべきだという主観的自然主義が唱えられている。そして、「自然による教育」に「人間による教育」と「事物による教育」とを合わせるべきだと

いう消極教育論が主張されている。このようなルソーの教育思想は、汎愛派、カント（I. Kant, 1724 〜 1804）、ペスタロッチ（J. H. Pestalozzi, 1746 〜 1827）の思想に大きな影響を与えた。

### (2) 汎愛派の教育思想

　ルソーの啓蒙思想はドイツにも流入したが、後進国のドイツにはルソーの社会思想を受け入れる土壌がなかった。そのため、もっぱらその教育思想が、汎愛派によって受容された。その代表者として、バゼドウ（J. B. Basedow, 1724 〜 1790）がいる。バゼドウは、デッサウに汎愛学舎をつくり、学校から教会勢力を一掃することを目指した。

## 2. ドイツ教育学

### (1) ペスタロッチの教育思想

　18世紀末〜19世紀前半のドイツ語圏においては、教育学のめざましい発展が見られた。中でも、スイスのチューリヒのペスタロッチの業績は特筆に価する。ペスタロッチの教育思想には、ロックとルソーの影響が見られる。それは「玉座の上にあっても、木の葉の屋根の蔭に住まっても同じ人間、そも彼は何であるか」（『隠者の夕暮』）という言葉に、よく表れている。

　ペスタロッチは孤児院や民衆学校での実践経験を基に、自らの教育思想を『ゲルトルート児童教育法』に著した。そこでペスタロッチは、教育目的を3H'sの調和的発達である基礎陶冶だとしている。3H'sとは頭（head）・心（heart）・手（hand）の3つを指し、それぞれ知識教育・道徳教育・技術教育に当たる。

　そして、家庭教育と母親の愛情とを重視したうえで、教育方法の原理として自発性の原理、直観の原理、労作の原理、社会の原理を挙げた。これらは、開発主義・直観教授・労作教育として、後の教育思想に継承されていく。このうち直観教授は「直観から概念へ」という言葉で表現

され、抽象的概念は直観的認識を通して獲得されるとした。このとき直観的認識は、数・形・語を分析することによって概念的認識へと変わる。これをペスタロッチは、「直観のABC」と呼んだ。

ペスタロッチの教育思想は、フレーベル（F. W. A. Fröbel, 1782～1852）やヘルバルト（J. F. Herbart, 1776～1841）に受け継がれていった。

### (2) フレーベルの教育思想

フレーベルは、ペスタロッチの指導を受けたあと「一般ドイツ教育舎」を創設した。そして、「来れ、我らの子らのために生きん」（『人間の教育』）という言葉のとおり、教育実践に携わり続けた。また、世界で最初となる幼稚園を創設し、恩物と呼ばれる教育遊具を開発していった。これには、遊びには教育効果があるということが示されている。

フレーベルは、ルソーやペスタロッチの教育思想を継承しつつ、フレーベルの宗教観である万有内神論を背景に、開発主義教育を主張した。フレーベルの万有内神論によれば、人間の活動や創造は、人間の内なる神性の発現である。それゆえフレーベルの教育は、子どもの活動や創造に向かう衝動の開発を目指すことになる。フレーベルの教育思想は、現在の幼稚園教育にも大きな影響を与えており、フレーベルは「幼児教育の父」とも呼ばれている。

### (3) ヘルバルトの教育思想

ヘルバルトは哲学者であったが、ペスタロッチの学校を参観するなど、しだいに教育に関心を持つようになった。そしてヘルバルトは、教育学を一個の学問にしようとした。それまで、教育学は教育に関する理論にすぎず、独立した学問とは言えなかったが、ヘルバルトはそれを体系的な学問にまで高めようとしたのである。

ヘルバルトは、「科学としての教育学は、実践哲学と心理学とに依拠する」（『教育学講義綱要』）と述べ、教育目的を倫理学（実践哲学）によっ

て、教育方法を心理学によって基礎づけ、体系的教育学を構築しようとした。そして、教育目的は道徳的品性の陶冶であるとし、教育方法として四段階教授法を提唱した。

　四段階教授法は、授業を「明瞭─連合─系統─方法」という段階に分け、子どもの興味に沿った授業を展開することを意図している。このヘルバルトの段階教授理論は、ヘルバルト派の五段階教授法やモリソン（H. C. Morrison, 1871 ～ 1945）のモリソン・プランに受け継がれていった。このうち五段階教授法は、明治時代後期のわが国に紹介され、現在の学校教育にも「導入─展開─まとめ」という形で残っている。

## 第5節　現代の教育思想

### 1. 新教育運動

　19世紀末～20世紀前半、新教育運動という教育改新運動が起きた。新教育運動は、子ども中心主義、活動主義、主意主義に特徴づけられる。例えば、スウェーデンのエレン・ケイ（E. K. S. Key, 1849 ～ 1926）は、19世紀最後の年に著された『児童の世紀』において、20世紀は子どもの世紀になると予言し、「教育の最大の秘訣は、教育しないことである」と断言した。

### 2. 進歩主義教育

　アメリカにおいて、新教育は進歩主義教育と呼ばれ、デューイ（J. Dewey, 1859 ～ 1952）によって理論的に体系化された。デューイの教育思想は、「教育は、生活の必然から生ずる人間の経験の再構成である」（『経験と教育』）という言葉に表されているように、経験主義教育と呼ば

れる。そして、子どもが自発的に問題を見つけ、これを解決していく中で知識を身につけていく「問題解決学習」を提唱した。デューイの教育思想はシカゴ大学附属の実験学校で実践され、その報告が『学校と教育』にまとめられている。

　デューイの教育思想は、キルパトリック（W. H. Kilpatrick, 1871 〜 1965）のプロジェクト・メソッドやパーカースト（H. Parkhurst, 1887 〜 1973）のドルトン・プラン、ウォッシュバーン（C. W. Washburne, 1889 〜 1968）のウィネトカ・プランなどに大きな影響を与えた。


【参考文献】
　　千葉泰爾編『教育の目的と本質』福村出版、1991年
　　沼田裕之・増渕幸男編著『教育学21の問い』福村出版、2009年
　　増渕幸男『教育学の論理』以文社、1986年

第6章

# 日本の教育思想

工藤真由美

## 第1節　古代の教育と教育思想

### 1. 飛鳥・奈良時代までの教育と教育思想

　日本の教育思想の源流は、聖徳太子（574〜622）に見ることができる。仏教の精神を重んじた聖徳太子は、「十七条の憲法」を制定し、その中で「世少生知。尅念作聖。」（世に生まれながら知るもの少なし。尅く念いて聖と作る。）と述べ、生まれながらにさまざまなことを知り尽くした人間はなく、よく心がけて聖人となっていくものだ、と人間における教育の重要性について言及している。そして、「官位十二階」を定め、家柄にかかわらず、優秀な人材を登用した。

　また、日本初の教育機関は、701年「大宝律令」に定められた、中央の「大学寮」と地方の「国学」である。大学寮は治者階級の中央官僚を養成する目的を持ち、貴族の中でも特に身分の高い者の子弟に限られていた。また国学は地方官吏（郡司）を養成すると定められていた。これらはエリート養成の教育に特化しており、対象は貴族の子弟などに限られており、当然一般民衆には開放されなかった。

　他方、一般民衆における子どもは、子宝思想という枠の中で捉えられていた。ここにいう子宝とは、大切に愛すべき存在という意味合いよりも、田畑を耕し後世に残す大切な跡取り、先祖の霊を祀るための跡継ぎとして大切な者という意味合いが強かったのである。子どもは7歳になると大人とともに農作業などに従事していた。

### 2. 平安時代以降の教育と教育思想

　聖徳太子によって手厚く受容された仏教は、平安時代に入り、最澄（767〜822）、空海（774〜835）により発展する。最澄の比叡山延暦寺や、

空海の高野山金剛峰寺は、僧侶を養成する教育機関を兼ねていた。しかし空海は他方で、綜芸種智院を設立し、階級や、僧侶になるならないにかかわらず、広く庶民の子どもを教育する機関とした。奈良時代に設置された大学寮はしだいに衰微していき、勢力を持った氏族は一族の繁栄を目指し、その子弟のために独自の私塾を開設し、教育を施していた。当時の教育はそれぞれの身分において異なり、それぞれの繁栄を目指した教育を行っていたのである。

## 第2節　中世の教育と教育思想

### 1.　鎌倉・室町時代以降の教育と教育思想

　鎌倉時代においても、貴族、武士、一般民衆という身分によってそれぞれ子どもへの教育が異なっていた。また、同じ家の中でも、子どもが第何子であるか、男子であるか女子であるかによってその教育は全く異なっていた。貴族や武士の家では「家」を尊重し、その家のしきたりである「家訓」に基づいて教育を行った。

　農民などの一般民衆の子どもは、7歳になると農作業を通して家族の一員としての自覚を深めていった。子どもは田畑を耕す後継者であり、先祖の供養をするために子宝と考えられていた。

　また、仏教の伝来以来、貴族や武士以外にも僧侶が学問の担い手となり、寺院学校が設立され僧侶の養成教育機関となった。代表的なものとして、「金沢文庫」や「足利学校」などがある。

### 2.　新仏教と能に見られる教育と教育思想

　中世は武士の騒乱や天災の続く時代で、世の中には末法思想が漂っ

いた。そのような中、新しい仏教が現れ、人々は心のよりどころをそれに求めた。法然（1133～1212）、栄西（1141～1215）、親鸞（1173～1262）、道元（1200～1253）、日蓮（1222～1282）らによる鎌倉新仏教といわれるものである。彼らは行を通してそれぞれの教義を深め、人々を教育したのである。

　また、室町時代に能を大成した世阿弥（1363?～1443）は『風姿花伝』を著し、能の修行のあり方を示した。その中で、稽古は7歳をはじめとし、年齢によって稽古のあり方を異ならせるということが述べられている。幼い子どもへの自然な教育や、年齢による段階的な教育を取り入れることなど、能を通しての体系的な教育観が表れている。

## 第3節　近世の教育と教育思想

### 1. 江戸時代の教育と教育思想

　江戸時代になると士農工商という身分制度に基づき、子どもに対する教育思想も異なっていた。農民は貧困の中であえぎながらも、田畑を次代へ引き継ぎ、先祖を供養する者として子どもを捉え、7歳ごろから大人のする作業に従事させていた。商工業者では、家業の跡継ぎを育成することを主眼として教育を考えていた。農民や商工業者など庶民の指定に読み書き計算などの基礎教育を行う民間の教育施設として寺子屋があった。

　武士の子弟のためには、各藩が用意した「藩校」があった。ここでは学問や武士としてのたしなみ、経世の教育が行われていた。徳川幕府は治世安定のために、政治をつかさどる武士のエリート教育に力を入れ、1691年に将軍徳川綱吉が「昌平坂学問所」を設立した。ここでは、藩校

で武士教育に従事する教育者の育成がなされた。そのほかにも、藩の区別を超えて学ぶことのできる私塾も多く開設された。緒方洪庵（1810～1863）の「適塾」や福沢諭吉（1834～1901）の「慶応義塾」などがある。

## 2. 江戸時代の幼児教育思想

近江聖人と称された中江藤樹（1608～1648）は、朱子学、陽明学を修め、知行合一を説いた。子どもは大人とは異なる存在として、その本性を大切にし、周りの大人自身が行いを正しくして、それを自然に子どもが学ぶことが重要であると説いた。

また、貝原益軒（1630～1714）は、幼児期からの教育に関しての体系的な教育書『和俗童子訓』を著した。これには、子どもの発達の段階に応じてどのような教育を施すかが詳細に記されている。子どもの自然に任せるよりは、早い時期から子どもに教育を与えることが重要であると説き、成長段階に応じて頻度や難度を変えていくというように、6歳から20歳までの段階的な教育を説いていく。また、知育の必要性を説き、習字や算術法についても言及し、幼児期からの詳細な教育カリキュラムが示された。これらは、寺子屋教育や明治以降の学校教育の基礎となった。

幕末の農政学者である佐藤信淵（1769～1850）は『垂統秘録』において、経済危機解消のため統一国家の構想を述べた。その中で、貧しい農村で一日中子どもを預けて働かねばならない人々のために、子どもを無償で預かる施設として「慈育館」と「遊児廠」を構想した。「慈育館」は、生後から4、5歳までの子どもを保護する施設として、「遊児廠」は、昼間子どもが楽しく遊べる託児施設として、それぞれ構想されていた。これらは実施されることはなかったが、その構想の有用性から、佐藤信淵は日本のフレーベルと呼ばれている。

# 第4節　近代の教育と教育思想

## 1. 明治時代の教育と教育思想

　1872年、わが国初めての学校制度についての規定である「学制」が頒布された。序文に当たる「学事奨励に関する被抑出書」には、明治政府の教育理念や趣旨が掲げられた。それは概括すると、①立身出世主義を目指す個人主義的人間像の形成、②国民皆学、③実学主義的な学問の重視、④教育費の民費負担、の4つになる。

　「学制」は、全国を8大学区に、1大学区を32中学区に、さらに1中学区を210小学区に分けるという大きな構想で、これを段階的に行おうとした。しかし、人々の生活基盤や経済基盤はほとんど変わらないのに、就学に費用がかかることや子どもの労働力が期待できなくなるなど、親の負担は増すばかりであった。しかし、学区取締により就学を督促しており、学齢期の児童の就学率は1873年には28.13％、1878年には41.26％となった。

　このような画一的な「学制」に対して、人々の実情に合わせた教育の実施を目指し、1879年「教育令」が発布された。教育に関する権利を地方に委譲することに伴い、「学制」の干渉主義が解かれたが、結果として、それまで上向きであった就学率が下方修正されるようになった。

　そこですぐさま、それを是正するものとして「改正教育令」が1880年に出された。また、明治以後の教育政策に対する明治天皇の意見として、侍講の元田永孚が『教学聖旨』を著し、学制以来の知育偏重の教育に対して、仁義忠孝の道徳教育を中心とした教育のあり方を重視しなければならないとした。

　森有礼（1847〜1889）はイギリスへの留学経験を持ち、西洋事情にも

通じていた。彼は、国家と社会の発展のためには教育が重要との考えに基づき、初代文部大臣に就任後、1886年「帝国大学令」「師範学校令」「中学校令」「小学校令」を制定し、学校体系を確立した。

　1880年の「改正教育令」以後、道徳教育が諸科目の筆頭に据えられるようになったが、さらに国民道徳の統一が要求されるようになった。1890年2月、地方長官会議で「徳育涵養ノ義」についての建議がなされ、10月、明治天皇より下付するという形式で「教育ニ関スル勅語」が公にされた。そこには教育を通して形成すべき「臣民」像が示され、「天壌無窮ノ皇運ヲ扶翼」する人間、すなわち天皇や国家に全てを捧げる人間となることが求められた。これらは以後、教育に関する根本理念となり、第二次世界大戦の終戦まで続いた。

　1895年、日清戦争の勝利後、日本では産業革命が進行し、優秀な労働者の育成が必要となった。そこで1900年の「改正小学校令」により、義務制・無償性が徹底され、義務教育が確立した。これにより1890年に48.93％であった就学率が、1904年には97.16％にまで達した。

　また、幼児教育に焦点を当てれば、わが国の幼児教育の歴史は公式には1896年の東京女子高等師範学校附属幼稚園の設立に始まる。ここでは、フレーベルの思想を取り入れた教育がなされていた。しかしそれらは、フレーベルの思想を形式的に取り入れたにすぎないものであり、結果として、恩物を使用した細かい指導保育がなされていた。

## 2．大正時代の教育と教育思想

　近代産業社会の出現によって、人々は個人の資質や能力によって生き抜いていかねばならない競争社会に突入することになった。そのために必要な資質や能力を身につける場として、学校教育への期待が都市部の新中間層を中心に高まった。このような新中間層は、画一的で受動的な公教育に批判的で、知識の詰め込みや一斉授業の弊害を実感していた。そこで、子どもの個性や能力を伸長させる教育を求めるようになった。

他方、産業界では、工業化や国際競争の激化に対応できる優秀な人物が求められるようになった。そのような新中間層や産業界からの要求に合致したのが、新教育運動であった。

　新教育運動とは、19世紀末から20世紀初頭にかけて欧米を中心として世界各国で展開された、子どもを教育の中心に据え、子どもの発達の必要に応じた教育を創造するという児童中心主義思想に基づく運動であった。このような新教育運動の影響を受けながら、日本でも1910年代から1920年代にかけて、大正自由教育運動が展開されていった。

## 3. 大正自由教育運動

　子どもの個性を尊重し独自性を認識する児童中心主義が、理論化され実践化されていった。

　明治の末から、兵庫県明石女子師範学校附属小学校において及川平治（1875〜1939）が中心となり、子どもの学習意欲を引き出し自発的な学習を促すという観点から、学級教育と個別教育の利点を生かした分団式動的教育法が実践された。

　1919年、千葉県師範学校附属小学校の主事として赴任した手塚岸衛（1880〜1936）は、同校で自由教育を実践した。教師の指示ではなく子どもが自ら進んでやるという自覚に基づいた自学こそが重要と考え、子どもをあらゆる拘束から解放し、訓練や授業でも自発的な活動を重視した。

　同じく1919年に奈良女子高等師範学校附属小学校に主事として赴任した木下竹次（1872〜1946）は、子どもの自律的な学習を進めるために、「合科教育」に力を注いだ。子どもを学習の主人公として捉え、独自学習―相互学習―独自学習という学習形態を生み出した。また、子どもが教科の枠にとらわれないで学ぶ「合科学習」も取り入れた。これらの動きは、附属小学校だけにとどまらなかった。

　1917年、沢柳政太郎（1865〜1927）を校長とする成城小学校が設立さ

れ、その後も小原国義（1887〜1977）の玉川学園、羽仁もと子（1873〜1957）の自由学園、西村伊作（1884〜1963）の文化学院、野口援太郎（1868〜1941）、野村芳兵衛（1896〜1986）による池袋児童の村小学校など、新教育を標榜する私立小学校が次々と設立され、独自の教育観に基づいた教育が実践された。

## 4．芸術教育運動

　芸術教育運動は、画一的な教育から子どもの心を解放しようという動きであった。1918年、夏目漱石の門下にあった鈴木三重吉（1882〜1936）が、子どものための文芸雑誌『赤い鳥』を創刊した。北原白秋（1885〜1942）、小川未明（1882〜1961）、芥川龍之介（1892〜1927）、山田耕筰（1886〜1965）など多くの著名人が協力し、創作童話、綴り方、童謡、児童自由詩、自由画など多くの作品が掲載された。

　また1919年には、自由画教育運動が始まった。山本鼎（1882〜1946）は、従来の臨画帳を模写する図画教育に対し、自由に子どもの手で作品を描かせる自由画教育を実践した。

　このように、明治以降の画一的・注入主義的な教育を打破し、子どもの自発性を尊重する新教育が盛んに行われたが、しだいに衰退していった。

## 5．大正期の幼児教育思想

　この時代の幼児教育として注目すべきは、東京女子高等師範学校附属幼稚園に倉橋惣三（1882〜1955）が主事として着任し、幼稚園教育の育成と改善に尽力したことである。彼は、明治以来の形式主義に陥ったフレーベル主義を排し、自由遊びを中心に子どもの生活とルールに根ざした自己充実を目指した。そのための「誘導」を、保育の最も重要なものと考え、「誘導保育」を提唱した。そして子どもの自発的に伸びる力に注目し、それに対してさまざまな刺激を与える環境を構築することの重要性を説いた。

## 第5節　現代の教育と教育思想

### 1. 昭和時代の教育と教育思想

　昭和になると、経済不況が強まり、さらには戦時体制に入ることになる。戦時教育体制の確立のため、教育制度の再編がなされた。1941年には「国民学校令」が制定され、皇国の道にのっとり国民を錬成することが目的として掲げられた。しかし、戦火の拡大とともに子どもは学童疎開を余儀なくされ、校舎は軍需工場と化し、教育活動は全面的に停止された状態で、1945年8月15日、日本は終戦を迎えた。

　敗戦後は、徹底した戦前体制の排除が必要となり、教育においても教育刷新委員会を中心に改革が進められた。1946年に日本国憲法が、翌1947年に教育基本法、学校教育法が制定され、戦後日本の教育の基本理念や学校教育の枠組みが明確にされた。

　憲法では、国民の教育を受ける権利と、子どもに教育を受けさせる義務が規定された。また、教育基本法は、教育全般の基本理念と一般的な原則を明示し、憲法に準ずる教育に関する最高法規の性格を持った法律である。ここでは、憲法で定められた基本的人権の保障、民主主義や平和主義を実現するのは教育の力であることが示されており、真理と平和を希求する人間を育成しなければならないとした。さらに、個人の人格の完成と平和的な国家および社会の形成者としての資質の育成が目指され、それらはあらゆる機会にあらゆる場所において実現されなければならないと規定されている。

　これらのことから、戦後の日本の教育は、一人ひとりの子どもの持つ多様な可能性を重視し、人格の完成を目指すことを目標に据えたことが分かる。

さらに学校教育法では、小学校から大学、大学院に至るまでの学校教育制度を根本的に改め、教育の機会均等を実現するように6―3―3―4制による単線型学校体系を規定した。

　戦後の経済復興に伴い、日本の経済発展を支える労働力としての人的能力の開発を学校教育に期待するという流れが明確に見られるようになり、産業構造の変革に見合う人材育成という産業界の要求が、1966年の中央教育審議会でも取り上げられ、「期待される人間像」という形で日本の教育に反映されていく。このような教育の考え方は、子どもの持つ多様な能力を国家の発展に必要な人材の確保という観点で捉え、子どもの能力の序列・選別化につながるものであった。しかし、このような教育のあり方は、子どもの将来を考える親にとって、よりよい就職の機会を得るための手段と映り、より高い学歴をつけさせようという教育熱へと変わっていった。そのため、高等学校への進学率は1970年には82.1％、1975年には91.9％に達した。また大学への進学率も、同時期に24.3％から37.8％へと急上昇した。

## 2．今日（平成時代以降）の教育と教育思想

　進学競争の過熱化に伴い、校内暴力、非行、不登校、引きこもり、いじめなどの問題が噴出したため、それらからの脱却を図る形で、学校5日制の導入とゆとり教育が実施された。これは、知識の詰め込みよりも子どもの関心・意欲・態度を重視するという「新しい学力観」という考えに基づくものであった。

　しかしその後、学力の低下や、国際的な学力の比較から、ゆとり教育の弊害が指摘されるようになり、2008年改訂の「学習指導要領」では、基礎的・基本的な知識や技能を確実に習得させることを目指すようになった。さらに、子どもを取り巻くさまざまな問題から、今日では子どもの育ちにおける幼児期の重要性が認識され、2006年に改正された「教育基本法」では、第11条「幼児期の教育」が新設され、それを受けて翌

年に改正された「学校教育法」では、幼稚園は小学校の前に記載順序が変更になった。いずれも幼児期は義務教育のみならず生涯にわたる人格の基礎を培う重要な時期であるということが明確に示された。同様の理念は、2008年に改定・告示された「保育所保育指針」にも示され、現代日本における幼児教育の重要性を見て取ることができる。

【参考文献】
　　倉橋惣三『育ての心』（上）（下）フレーベル館、2004年

第7章

# 世界の教育制度

杉山　倫也

## 第1節　教育制度の３類型

　世界の教育制度の構造は、学校系統図として図示される。それは大きく3つに区分できる。①「分離型」あるいは「複線型」、②「分岐型」あるいは「フォーク型」、③「段階型」あるいは「単線型」の3つである。
　大まかな整理をしておくと、ヨーロッパ主要国では①の「分離型」と②の「分岐型」、アメリカやアジア諸国では③の「段階型」が多い。
　学校系統図は、教育制度を扱った各種の文献に掲載されている。現在では、主要国の学校系統図は文部科学省のホームページ等にアクセスすれば閲覧できる。その他の世界各国の学校系統図も、インターネット検索すれば閲覧できる。よって本章では、学校系統図は収録せずに、主要国の教育制度を教育段階別に見ていく。欧米では、アメリカ、イギリス、フランス、ドイツの4カ国、アジアでは、韓国と中国の2カ国の計6カ国について紹介しよう。

## 第2節　就学前教育と保育

(1) アメリカ

　アメリカにおける教育は、州の専管事項である。就学前教育は、「保育学校」と「幼稚園」において行われる。
　保育学校は主に3〜4歳児を対象とする。大半は私立である。
　幼稚園は主に5歳児を対象とする。幼稚園は通常、公立小学校に付設されている。5歳児の幼稚園を義務化している州がある。義務化された幼稚園教育と、初等・中等教育を合わせてK-12と呼ぶ。

保育に関しても、基本的に州に権限がある。主に2～4歳児を対象とした「保育センター」、家庭的保育を行う「ファミリー・デイ・ケア・ホーム」、「グループ・デイ・ケア・ホーム」などがある。

特筆すべき就学前教育として、「ヘッドスタート・プログラム」がある。貧困家庭の幼児たちが、小学校入学時、通常の家庭の子どもたちと同一のスタートラインに立てるようにするためのプログラムである。

(2) イギリス

イギリスは連合王国であるため、制度については地域によって異なる場合がある。イングランドを基準としていこう。

就学前教育は、主に、2～4歳児を対象とした「保育学校」と、3～5歳児を対象とした「初等学校付設の保育学級」がある。

保育に関しては、0～4歳児を対象とした「保育所」、「プレイグループ」、「チャイルドマインダー」などがある。プレイグループは、主として子どもを持つ親たちによるボランティアグループである。チャイルドマインダーは、自宅で親と契約する託児システムである。

特筆すべきは、「レセプションクラス」である。この制度は、義務教育年齢に達していない4歳児または3歳児を、義務教育年齢の5歳以上のクラスに受け入れるという制度である。小学校において、小学校の施設を使用し、小学校の教師が教育を担当する。背景には、保育学校と保育学級の不足、小学生の減少、小学校教師の余剰、教室等の余剰、親たちの早期教育の要求等があった。必然的にさまざまな問題が生じている。

現在は、幼保統合施設として「チルドレンセンター」を推進している。

(3) フランス

フランスの就学前教育は、3～5歳児を対象に幼稚園や小学校付設の「幼児学級・幼児部」で行う。希望すれば、2歳からの就学も可能である。

保育に関しては、集団託児所として、「保育所」、「親保育所」、「家庭

保育所」、「児童園」、「託児所」などがある。また「保育ママ」があり、保育者の自宅や子どもの自宅において保育を行う。

### (4) ドイツ

　ドイツの就学前教育は、3～5歳児を対象として「幼稚園」で行う。
「保育所」は2歳以下の子どもを受け入れる。3歳以上を受け入れる保育所はない。また、保育サービスとして、6～12歳児が放課後に通う「学童保育所」がある。
　さらに、幼稚園・保育所・学童保育所を一カ所にまとめた「KITA (Kindertagesstätte)」がある。KITAは、大都市に比較的多い。「保育グループ」や「家庭託児保育システム」もある。
　また、新たな幼保一元化の制度として、0～6歳、場合によっては12歳児までの学童保育も含む、年齢拡大型、年齢混合型の「コンビ施設」を推進している。その他の就学前教育として、州によっては5歳児向けの「就学前クラス」や、5～6歳児対象の「入学準備課程」等を導入している。

### (5) 韓国

　韓国の就学前教育は、3～5歳児を対象とした「幼稚園」において行う。
　保育については、0～5歳を対象とした「保育所」がある。保育施設には、国公立、民間、職場、家庭の区分がある。幼保一元化への議論があったものの、現在では二元化の状態である。
　特徴的なのは、民間が経営する「ハグォン」が選択肢の一つとなっている点である。ハグォンとは、いわゆる「塾」や「習い事」という意味である。つまり、幼児向けの「習い事教室」である。例えば、半日制や終日制「美術ハグォン」や「英語ハグォン」等がある。

### (6) 中国

中国の就学前教育は、教育部門が管轄する「幼児園」において、3～6歳児を対象として行う。また、衛生部門が管轄する「託児所」において0～3歳児の保育を行う。この両者の事業を「託幼事業」と呼ぶ。

特徴的なのは、託幼事業が親の就労ニーズに合わせて多様な点である。例えば、全日制、半日制、季節制、寄宿制などがある。寄宿制は「全託」と呼ばれ、社会主義国の特徴的な制度である。

また、「一人っ子政策」の影響から、父母、祖父母が家庭保育に熱心に参加するようになり、ベビーシッターが急増した。

## 第3節　初等教育と前期中等教育

### (1) アメリカ

初等教育の就学年限は州によって異なる。大別して次の5つの形態がある。①4年制（6～9歳）、②5年制（6～10歳）、③6年制（6～11歳）、④8年制（6～13歳）、⑤初等中等併設型（6～14歳）。

ほとんどの州において、6歳からの就学が認められている。中等教育を含めて、義務教育年限は9～12年である。最も多いのは、9年もしくは10年とする州である。

前期中等教育は、大別すると3種類ある。①4年制ミドルスクール（10～14歳）、②3年制下級ハイスクール（12～15歳）、③3年制併設ハイスクールの下級（12～15歳）である。

### (2) イギリス

分離型の学校制度の代表がイギリスである。イギリスの学校には、大きく「公立・公営学校」と「独立（私立）学校」とがある。義務教育は

5～16歳の11年である。

　公立・公営学校の初等教育は、「初等学校」と「ファーストスクール」、「ミドルスクール」において行う。初等学校には、幼児部（5～7歳）と下級部（7～11歳）とがある。通常は、幼児部・下級部が併設されている。別々に設置しているところもある。また幼児部・下級部の代わりに、ファーストスクール（5～8歳または5～9歳）、ミドルスクール（8～12歳または9～13歳）がある。

　特徴的なのは、独立（私立）学校である。初等教育は、「プレ・プレパラトリースクール」（5～8歳）、「プレパラトリースクール」（8～11歳あるいは8～13歳）において行う。

　公立・公営学校の中等教育は、一般的には「総合制中等学校」で行われる。原則として無選抜である。ほかに、選抜制の「グラマースクール」と「モダンスクール」がある。いずれも11～16歳の5年間である。

### (3) フランス

　フランスの義務教育は6～16歳の10年間である。

　初等教育は「小学校」において5年間行われる。小学校は、準備科（1年生）、初級（2年生、3年生）、中級（4年生、5年生）の3段階に分けられている。

　前期中等教育は、4年制のコレージュにおいて行われる。

### (4) ドイツ

　ドイツの義務教育は6～15歳の9年間（一部の州は10年間）である。

　初等教育は、基礎学校において4年間（一部の州は6年間）行われる。

　中等教育は特徴的である。初等教育の後、10歳の時、中等教育の進路選択を行う。中等教育には3つの異なるタイプの学校がある。「ハウプトシューレ」、「実科学校」、「ギムナジウム」である。これらを統合した「総合制学校」もある。ただし、数は少ない。

ハウプトシューレは、卒業後、就職して職業訓練を受ける者が進む5年制の学校である。実科学校は、主として卒業後に職業教育学校に進む者や中級の職に就く者が進む6年制の学校である。大学進学希望者もいる。ギムナジウムは、大学進学希望者が進む9年制の学校である。

### (5) 韓国

　韓国の義務教育は6～15歳の9年間である。
　初等教育は「初等学校」で行われる。前期中等教育は「中学校」において12～15歳の3年間行われる。

### (6) 中国

　中国の義務教育は、義務教育法の規定では6～15歳の9年間である。ただし、以前の7歳入学から6歳への移行中である。
　初等教育は小学校において6年行われる。一部地域ではいまだ5年制である。現在、6年制へ延長する方針である。
　前期中等教育は「初級中学」において、3年間（小学校が5年制の場合は4年間）行われる。6歳に小学校に入学していれば、12～15歳、7歳に入学していれば、13～16歳である。

## 第4節　後期中等教育

### (1) アメリカ

　アメリカの後期中等教育は、主として「4年制ハイスクール」、「上級ハイスクール」、「上級・下級併設ハイスクール」において行われる。
　初等・中等教育の形態は州によって異なる。前述した、初等教育、前期中等教育とのつながりから説明しよう。

- 4年制初等教育を受けた後、4年制のミドルスクールに進み、その後4年制ハイスクールへと進む（4・4・4制）。
- 6年制の初等教育を受けた後、3年制の下級ハイスクールに進み、その後3年制の上級ハイスクールへと進む（6・3・3制）。
- 6年制の初等教育を受けた後、6年制の上級・下級併設ハイスクールへと進む（6・6制）。

他の形態として、6・2・4制、8・4制、5・3・4制などもある。

## (2) イギリス

イギリスの公立・公営学校の後期中等教育機関は「シックスフォーム」と「シックスフォームカレッジ」である。シックスフォームは、中等学校に併設する課程である。シックスフォームカレッジは独立した学校である。これらの機関では高等教育への準備教育を行う。

他方、独立（私立）学校の場合、プレップスクールを修了した者は、「パブリックスクール」へ進む。11歳もしくは13歳から18歳まで教育を受ける。パブリックスクールは、上流階級や富裕層の子どもが通う全寮制の学校である。大学進学を前提とする。

## (3) フランス

フランスの後期中等教育は、「リセ」、「職業リセ」、「見習い技術者養成センター」において行われる。前期中等教育機関コレージュにおける観察・進路指導に基づき、これらの諸学校に振り分けられる。

リセは3年制である。

職業リセは、通常2年制である。その後、職業バカロレアの取得を目指す場合は、さらに2年、計4年の教育を受ける。

見習い技術者養成センターでは、通常3年の職業教育を行う。

(4) ドイツ

ドイツの後期中等教育は複雑である。

①ハウプトシューレを修了した者は「職業専門学校」、「職業基礎教育年」、「職業学校」、「職業上構学校」へと進む。

職業専門学校は1〜2年制、全日制である。

職業基礎教育年は、職業学校や職業上構学校の準備教育を行う学年段階である。全日制1年である。

職業学校は、定時制の学校である。週1〜2日授業を受ける。同時に、生徒は、徒弟として企業等に勤務し、そこで企業内訓練を受ける。これを二元制度と呼ぶ。ドイツのマイスター教育の根幹である。

職業上構学校は、企業の職業訓練中、もしくは修了後に通学する学校である。1年〜1年半、もしくは定時制の場合2〜3年である。この学校の修了証は、後述する実科学校の修了証と同等と見なされ、上級専門学校への進学が可能になる。

②一方、実科学校を修了した者は「上級専門学校」や「専門ギムナジウム」に進む。

上級専門学校は、修了者に高等専門学校への入学資格を授与する。全日制、2年間である。

専門ギムナジウムは、修了者に特定専門分野大学入学資格を授与する。全日制、3年間である。

③前期中等教育段階でギムナジウム（9年制）に入学した場合は、最後の3年間が上級段階であり、大学入学資格試験アビトゥーアに合格すると修了する。それが大学入学資格となる。

(5) 韓国

韓国の後期中等教育は、3年間、「普通高等学校」と「職業高等学校」で行われる。

普通高等学校には、普通教育を提供する高校に加え、各分野の英才を

対象とした学校もある。芸術、体育、科学、外国語高等学校がある。

職業高等学校には、農業、工業、商業、水産・海洋高等学校等がある。職業意識と専門的知識を身につけた技能労働者養成が目的である。

### (6) 中国

中国の後期中等教育は、「高級中学」、「中等専門学校」、「技術労働者学校」、「職業中学」において行われる。

高級中学（3年制）は、大学進学を目的として普通教育を行う。

中等専門学校（4年制、専攻によっては3年あるいは5年）は、中級レベルの専門人材の養成を目的とする。職業訓練というよりも、技術教育が行われる。高級中学の卒業者も多く入学する。その場合の修業年限は、2年あるいは3年である。この中等専門学校の中には、幼児園、小学校の教師を養成する中等師範学校が含まれている（約3割）。

技術労働者学校は、中級レベルの技術労働者の養成を目的とする。修業年限は3年である。高級中学卒業者も多く入学する。その場合の修業年限は、1年あるいは2年である。

職業中学（2～3年制）は、初級・中級レベルの技術者養成を目的とする。地方政府運営の学校と、企業運営の学校とがある。卒業後は、その学校を運営する企業へ就職するケースが多い。また、直接大学への進学が可能である。

## 第5節　高等教育と成人教育・継続教育

### (1) アメリカ

高等教育機関は、大別すると4つある。「総合大学」、「文理大学」、「専門大学（学部）」、「短期大学」である。

総合大学には、文理学部と職業専門教育を行う学部、大学院がある。
　文理大学は、学部レベルの一般教育を行う。大学院を持つ大学もある。
　専門大学（学部）では、神学、医学、工学、法学等の職業専門教育を行う。独立した大学と、総合大学の一学部という形態がある。専門大学（学部）への進学には、総合大学や文理大学において一般教育を受け、さらに試験と面接を受ける。一般教育の年限は、専攻によって異なる。
　短期大学には、従前からの短期大学のほかに、コミュニティカレッジもある。州立の短期大学はコミュニティカレッジである。専門教育や職業訓練のコースがある。
　アメリカにおける成人教育・継続教育は、主としてコミュニティカレッジにおいて行われている。

(2) イギリス
　イギリスの高等教育機関は「大学」と「高等教育カレッジ」である。
　大学には第一学位（学士）取得の課程がある。また各種の専門資格取得のための短期課程もある。
　高等教育カレッジには、学位授与権を持つカレッジとそうでないカレッジがある。学位授与権を持たないカレッジの場合、提携する大学が学位を授与する。大学へ進む場合には、GCE（General Certificate of Education：大学入学資格試験）の合格を用件とする場合がある。
　イギリスでは、義務教育を修了した後に、多様な成人教育・継続教育の機会を用意している。一般に「継続教育カレッジ」と呼ぶ。青少年や成人に、全日制、昼・夜間のパートタイム制によって、職業教育を中心とする多様な課程を提供している。高等教育レベルの課程を提供する継続教育カレッジもある。

(3) フランス
　フランスの高等教育は「国立大学」、「私立大学」、「グランゼコール」、

「リセ付設のグランゼコール準備級」、「リセ付設の中級技術者養成課程」、「教員教育大学センター」等で行われる。

　国立大学には、3年制の学士課程と2年制の技術短期大学部等がある。

　私立大学には学位授与権がなく、年限は多様である。

　グランゼコールは高等専門大学校で、高度専門職養成の機関である。3～5年制と、それぞれ年限は多様である。

　リセ付設のグランゼコール準備級は2年制である。

　リセ付設の中級技術者養成課程は2年制である。

　これら高等教育機関へ進学するためには、中等教育修了と高等教育入学資格を認定するバカロレアを取得しなければならない。特に、グランゼコールへ進学する場合には、バカロレア取得後、グランゼコール準備級を経て、各学校の選抜試験に合格しなくてはならない。

　教員教育大学センターは、大学3年修了後に進む2年制の機関である。

### (4) ドイツ

　ドイツの高等教育は「大学」、「高等専門学校」、「専門学校」において行われる。

　大学には、総合大学、教育大学、神学大学、芸術大学等がある。標準的修業年限は4年半である。

　高等専門学校は、中等教育段階において実科学校を卒業し、上級専門学校を修了した者が進む高等教育機関である。修業年限は、標準4年以下である。

　専門学校は、職業訓練を終えた者等を対象とし、修了すると上級の職業資格が得られる。

　成人教育・継続教育機関として、「夜間ギムナジウム」や「コレーク」という機関がある。これらは、職業従事者に大学入学資格を与える。

(5) 韓国

　韓国の高等教育は「4年制大学」(医学部等一部専攻は6年)、「4年制教育大学」(初等教育教員養成、2年制あるいは3年制)、「専門大学」において行われる。

　4年制大学、4年制教育大学と、成人教育機関である産業大学の卒業生を対象に、2〜2.5年の大学院修士課程、3年の博士課程がある。

　成人教育・継続教育の機関として、「放送・通信大学」、「産業大学」、「技術大学(夜間大学)」、「高等技術学校」、「放送通信高等学校」などがある。

(6) 中国

　中国の高等教育は、「大学」と「職業技術学院」において行われる。

　大学は、4〜5年制の本科と2〜3年の専科がある。専科のみの学校を専科学校と呼ぶ。大学院レベルの学生(研究生)を養成する課程・機関が、大学や研究所にある。

　職業技術学院は、専科レベルの職業教育を行う機関である。職業技術学院は、職業中学、技術労働者学校、中等専門学校等の卒業者に対して、総合的職業能力や、あらゆる分野において技術を応用できる人材を育てる役割を持つ。

　中国には、労働者や農民といった成人を対象とする多様な形態の成人教育機関がある。「業余学校」、「夜間・通信大学」、「テレビ・ラジオ大学」などであり、その内容は、識字訓練から大学レベルの専門教育まで幅広い。

【参考文献】

　天野郁夫・藤田英典・苅谷剛彦『教育社会学』放送大学、1998年

教育制度研究会編『要説 教育制度〔新訂第3版〕』学術図書出版社、2011年

高橋靖直編著『学校制度と社会』玉川大学出版部、2007年

中野由美子・大沢裕編著『子どもと教育』(子ども学講座5)一藝社、2009年

二宮皓編著『世界の学校――教育制度から日常の学校風景まで』学事出版、2006年

森秀夫『要説 教育制度〔3訂版〕』学芸図書、2008年

# 第8章

# 日本の教育制度

柴田　賢一

## 第1節　教育制度の基本原理

　試みに教育学事典［細谷ほか、1978］をひもといてみれば、教育制度とは「一定の教育目的を達成する機構を持つものとして、その存続が社会的に公認されている組織」のことであるという。例えば、現代の日本に生きる我々には教育を受ける機会が法的に保障され、小学校6年、中学校3年の教育を受けることが義務であり権利として「制度」となっている。このような6・3制の義務教育という枠組みは、教育制度の一つの表れである。

　例に挙げたように、教育制度といえばすぐに思い浮かべることができるものに学校制度がある。学校制度については、どのような種類の学校があり、何年行くのか、どの段階で行くのか、などについて法律で細かく定められている。学校で働く教職員についても、どのような要件を満たせば教員免許を取得することができるのか、どのような研修や講習を通して教員としての地位を維持していくことができるのかなどが法律で定められ、教員養成制度を含めた教職員制度として成立している。

　このように、現代におけるわが国の教育は、多くは法律によって定められた制度に基づいて行われており、教育を考えるうえで制度を理解しておくことは重要である。本章ではまず教育制度の基本原理について確認し、次いでわが国の教育制度を歴史的にたどり、最後に現行の制度を概観する。その際、本書が保育者養成シリーズの一冊であることを考慮し、幼児教育制度の変遷と教員養成制度の変遷についても述べていくことにする。

### 1．教育制度の原理

　戦後まもなく、戦前の教育の根幹をなしていた「教育勅語」は廃止さ

れ、日本国憲法の下で、1947年に「教育基本法」が制定され（2008年に改正）、新たな教育制度が構想されることとなった。その特質としては、①勅令主義から法律主義への転換、②複線型学校体系から単線型学校体系への転換、③無償性の義務教育の拡張と教育の機会均等原則の確立、などが挙げられる。このうち「法律主義」、義務教育の「義務制」「無償性」という諸原理について、ここで確認しておくこととする。

### (1) 法律主義

　戦前の教育制度は、文部省布達である「学制」発布に始まり、その後の「学校令」などの「勅令」によって規定されてきた。

　戦後になると、大日本帝国憲法に代わり日本国憲法が制定された。そして教育勅語をはじめとする勅令は廃止されていった。新しい憲法には第26条に「教育を受ける権利、教育の義務」が規定され、教育を受ける権利は憲法という最高法規によって保障されることとなった。さらに教育については、旧教育基本法（以下、旧教基法）をはじめとする教育法規が制定され、戦後の教育は、勅令に代わったこれらの法律に従ってその制度が規定され、運営されていくこととなったのである。

### (2) 義務制

　子どもが義務教育を受けるためには、保護者がその子弟を就学させる「就学義務」のみならず、学校設置義務や義務教育の無償、教科書の無償など、国や地方自治体によってもその条件整備がなされなければならない。すなわちここには、子を就学させる親の義務だけではなく、受け入れる側の義務も同時に認められなければならないとされるのである。

### (3) 無償制

　教育基本法第5条第4項（旧教基法第4条第2項）では、義務教育について「授業料は、これを徴収しない」とされている。この規定では、無償

の範囲は授業料のみとされているが、当然のことながら学校教育には授業料以外の諸費用が必要となる。そこで、義務教育の無償制をより広く実現させるべく、1964年には教科書無償措置法が成立し、教科書の無償配布制度が発足した。しかしながら、給食費や修学旅行にかかる費用など、いまだに義務教育における学校活動の全てが無償というわけではない。

### 2. 学校教育制度の原理

学校教育制度の詳細は、学校教育法をはじめとする教育法規によって定められている。学校教育法第1条では、幼稚園、小学校、中学校、高等学校など学校の種別が定められている。わが国では、小学校6年、中学校3年の義務教育の上に、高等学校3年、大学4年という単線型の学校制度が整えられた。また、これらの学校を設置することができる者は、国、地方自治体のほかは学校法人に限られている。義務教育段階では、男女共学の原則、特別支援学校の設置と就学義務が定められており、学校教育を受ける機会の平等が保障されている。

## 第2節　学制と戦前の教育制度

### 1. 学制以前の教育

江戸時代には、日本全国で統一された教育制度はなかった。しかしながら、各藩は藩政を担う武士の子弟の教育のために藩校を設けていた。町や農村では、商業や農業に必要な知識を子どもたちに身につけさせるために寺子屋が作られ、そこでは読み・書き・算が教えられていた。民衆の学習に対する要求の高まりを背景に、これらの教育施設は幕末に向

けて拡大していった。さらには私塾も開設されるようになり、福沢諭吉（1835～1901）も学んだ適塾などはその代表的な例の一つである。

　江戸前期からすでに、幼児教育の重要性は唱えられていた。江戸中期の永井堂亀友（1751～1780）の『小児養育気質』（1773）には、保育施設と見られる施設の話がある。そこでは幻心という人物が自宅を改造した保育施設を作り、子どもにおやつ（饅頭や汁飴）を与え、医者まで手配しておくなどの配慮がなされていた。保育士の他に嘱託医と調理員を置かなければならない（児童福祉施設最低基準第33条）とする現代の保育所制度を想像させるような配慮が、この時代にもなされていた。実現されなかったものの、江戸末期にはより具体的な幼児の保育・教育制度が佐藤信淵（1769～1850）によって構想された。彼の『垂統秘録』（1849）には、官立の乳幼児保育所としての「慈育館」、4～7歳の子どもを遊ばせる「遊児廠」などの施設の構想が見られるのである。

## 2. 文部省の設置と学制発布

　明治に入り、国の体制が一新されると同時に、教育の刷新も国家の急務として浮上してきた。1871（明治4）年には中央教育行政機関として文部省が創設され、翌1872（明治5）年には太政官布告として、序文に「学事奨励に関する被仰出書（おおせいだされしょ）」を付して学制が発布された。このわが国初の学校制度では、全国を8つの大学区に分け、それぞれ大学を設置することが定められた。さらに、各大学を32の中学校区、各中学校区を210の小学校区に分けることとされ、全国で256中学校、5万3760小学校の設置が定められた。この学区制度に従って学校の設置が進められるが、けっきょく設置された学校数は、構想に遠く及ばなかった。

## 3. 戦前の教育制度の展開

　1885年には、わが国初の内閣制度が発足し、初の文部大臣として森有礼（ありのり）が就任する。その後、井上毅（こわし）（教育勅語の起草に携わった）が文部大臣

に就任するが、この森・井上らによって当時の日本の教育制度の基礎ができていった。

　森文相（1885～1889）の下、まず学校制度が整備され、それぞれ尋常・高等の2段階から成る小学校、中学校、師範学校が整備された。小学校は義務制とされ、小学校、中学校の教科書の検定制度が導入された。さらに東京大学が帝国大学と改称され、大学院も設置されることとなる。

　1890（明治23）年に教育勅語が発布されると、翌年には小学校祝日大祭日儀式規定が定められ、1903年には小学校教科書の国定化が行われるなど、政府による教育の統制は進んだ。

## 4. 戦前の幼児教育制度

　学制にはすでに「幼稚小学」という名称で幼児教育機関が構想されていたが、これは実現しなかった。わが国の幼児教育草創期の施設としては、1876年に開設された東京女子師範学校付属幼稚園がよく知られているが、この幼稚園はその後の幼稚園の拡大に大きな影響を与えることとなった。そして1887年頃までに全国で70近い幼稚園が設立された。幼稚園数はその後急速に拡大し、明治末には全国で500園、大正末には1000園を超すまでになった。

　このような幼児教育の拡大を見て、ようやく1926年4月に、当時の国の最高レベルの法令である勅令として、幼稚園令が制定されるに至った。この幼稚園令では、幼児教育に当たる「保姆」は女性で保姆免許状を持つものに限られ、入園することのできる児童は現在と同じく3歳から小学校就学までとされた。さらに幼稚園には託児所の機能も付され、3歳未満の子どもも預けることができた。このような状況の下、戦中の1943年には園数も2000園を数えるまでに拡大した。この幼稚園の拡大と並行して、託児所（保育所）も急速な拡大を見た。大正末期には300園に満たなかったが、1936年には1500園近くにまで増加していたのである。

　しかしこの時すでに、現在にまで至る問題が発生していた。幼稚園に

託児所機能が含まれたことに対して、託児所のみの制度はまだ成立しておらず、内務省と文部省において協議すべき問題として浮上したが、その協議は進展しなかった。けっきょく、託児所を幼稚園令に統合する考えは放棄され、この時点で幼稚園と保育所はそれぞれの異なる制度の下に置かれ、現在に至るまで「幼保一元化」という問題を残すこととなったのである。

### 5. 戦前の教員養成制度

　学制発布のわずか前の1872年5月には、教員養成機関として東京に最初の師範学校が設立されることが決定された。そして学制によって定められた大学区に1校の師範学校設置が進められ、ここで養成された教員が後に各府県に広まり、各地の師範学校を創設する基礎となっていった。後に、師範学校は尋常と高等の2種類に分けられた。また女子師範学校は、当時、中等教育の機会が少なかった女子にとっては貴重な教育機会であった。

## 第3節　戦後教育改革と戦後の教育制度

### 1. 戦後教育制度改革の概要

　戦後教育改革の柱は教育の民主化であり、教育制度も抜本的に見直された。その中で、国民の権利・義務としての教育への転換、教育勅語の廃止と新しい憲法の下での教育、複線型の学校体系から単線型の学校体系への転換、教育の法律主義への転換、閉鎖的な教員養成制度から大学における教員養成および教員養成の開放制への転換などが行われた。

　1947年3月に公布された旧教基法では、教育の機会均等、義務教育の

無償、男女共学、教師の身分の保障などが掲げられていた。また同時に6・3・3・4制の新しい学校制度を定めた学校教育法も制定され、早くも同年4月には、新学制の下で小学校がスタートした。そしてこの新しい学校制度とともに、学ぶべき内容も一新された。旧教基法、学校教育法の公布とほぼ時を同じくして学習指導要領が試案として公布され、戦中までの国定教科書による画一的な教育が改められつつあった。

1948年6月には教育勅語等が廃止され、翌7月には教育委員会法が公布された。戦後まもなく作られたこの教育委員会制度は、独自に予算案を作成できる行政委員会であり、教育委員が住民の選挙によって選ばれる公選制であった。この教育委員会は教育の地方分権化・民主化を進めるための行政組織として構成された。1949年には教育公務員特例法、社会教育法、私立学校法などの教育法規が相次いで整備され、1952年には文部大臣の諮問機関として中央教育審議会が組織された。

## 2. 教育委員会制度の転換

しかしながら公選制の教育委員会制度は、1956年の「地方教育行政の組織及び運営に関する法律」(以下、地教行法) の成立と教育委員会法の廃止によって、わずか8年でその使命を終える。教育委員会は任命制となり、教育委員の互選で選ばれていた教育長 (教育事務を監督する) の任命は、上位組織の承認が必要とされるようになった (現行法では承認は不要)。この新しい制度では、教育委員会の予算に関する権限は首長に移され、学校管理規則が定められ、勤務評定の実施が取り決められた。

## 3. 戦後の幼児教育の制度

戦中・戦後の一時期、幼稚園・保育所はその数を減らしたが、1950年頃に戦前の水準まで復興すると、その後は急激に園数が増加し、1955年には幼稚園数は5000園を、保育所数は8000園を超えるまでになった。

戦後の広範な制度改革の中で、同年代の子どもを対象としながら制度

として分離していた幼稚園と保育所は、当然のことながら一元化の必要性が論じられた。しかしながら戦後の制度改革の中でも、幼稚園は学校教育法の中に位置づけられ学校として再出発したのに対し、保育所は児童福祉法の中で児童養護施設と位置づけられ、戦後も制度的には分かれたまま新たなスタートを切るほかはなかった。

## 4. 戦後の教員養成制度

　戦後の制度改革の中で、教員養成制度は「大学における教員養成」と「免許状授与の開放制」を二大原則として再出発した。すなわち、教員免許は高等教育レベルである大学の教育課程を修了することで与えられるようになり、また教員養成を専門とする戦前の師範学校のような養成機関だけでなく、多様な学問領域で学んでいる者にも教職課程の必要な単位を修得すれば免許状を与えることができるようになった。

　幼児教育・保育に携わる専門職に関しては、幼稚園教諭は戦前の幼稚園令における「保姆」資格とは決別し、教員免許法の法制下に置かれることとなった。一方で、児童福祉施設（保育所など）で働く「保母」は、それまで俗称的な名称であったものが新たな資格として制度化された。この保母資格は児童福祉法施行令第13条にその要件が明示され、①厚生大臣の指定する保母を養成する学校その他の施設を卒業した者、②保母試験に合格した者、③児童福祉事業に5年以上従事した者であって、厚生大臣が特に適当と認定した者、とされた（1999年に保育者の資格については名称等改正）。

## 第4節　現代の教育制度とその課題

### 1. 現代の学校制度

　現行の学校制度については、学校教育法第1条に学校の種類が「この法律で、学校とは、幼稚園、小学校、中学校、高等学校、中等教育学校、特別支援学校、大学及び高等専門学校とする」と定義されている。これらの学校を設置できる主体は、国、地方自治体のほかは基本的に学校法人に限られており、これ以外の教育機関は上記の第1条における「小学校」「中学校」などの名称を使用することは禁じられている。

　1998年の法改正では、従来の中学校・高等学校の年代において一貫した教育を施すことを目的とした中等教育学校が加えられ、また障害のある子どもが通う学校は従来の盲学校、聾学校、養護学校から特別支援学校に一本化された。中等教育学校が加えられたことは、従来単線型であったわが国の学校制度が部分的に複線化したということである。

　また、学区制度についても弾力的に運用されつつある。2000年には、東京の品川区で実質的な学校選択制度が導入された。高校の通学区域も多くの地域で見直しが進み、より学校選択の幅は広がりつつあると言える。さらに学校設置主体についても、地教行法の改正や構造改革特別区域法によって、地域の「学校運営協議会」による学校運営や、株式会社やNPOによる学校設置・運営が認められるケースも出てきている。

### 2. 現代の教職員制度

　教員免許の種類には、普通免許状、特別免許状、臨時免許状の3種類があるが、このうち大学での課程を経て取得するのは普通免許状である。普通免許状にはさらに、専修免許状、一種免許状、二種免許状がある。

幼児教育の免許に関しては、先にも述べたように幼稚園は学校教育法で定められた学校であり、幼稚園の「先生」は教員である。幼稚園には、学校と同様に置かなければならない教員が定められており「園長、教頭及び教諭」がそれに当たる。ただし事情によって、幼稚園では教頭を置かないこともできる。さらに2007年の法改正によって、幼稚園から高等学校までに「副校長（副園長）、主幹教諭、指導教諭」を置くことができるようになっている（学校教育法第27条第2項、第37条第2項ほか。職務についても同法参照）。

　現行の制度下では、教員免許の効力には10年の限度があり、免許を更新しようとする者は免許更新講習を受講する必要がある。また、教員の資質能力の低下が問題として取り上げられており、この課題への取り組みとして、教員に初めて採用された者に対する初任者研修や、教職10年を経験した者に対する研修などが行われている。

## 3. 文部科学省

　文部省は2001年の省庁再編に伴い、科学技術庁、文化庁などと統合され文部科学省として再出発した。現在の文部科学省の組織は、文部科学大臣の下に2名ずつの副大臣、大臣政務官、1名の事務次官がいる。官房・局の数は、改変前から大幅に削減された。

　文部科学省の設置理念は「我が国の明日を夢開くものに」するために人材の養成、知的資産の創出を図り、教育、科学技術、学術、文化、スポーツに関する行政を一体的に推進し、未来への先行投資を図るものであり［平原、2009］、その主な任務は文部科学省設置法第3条に規定されている。

　本章で見てきたように、日本の教育制度は学制発布以来いまだ150年にも至っていないが、歴史の荒波に揺さぶられながらその時々の政府の意向、社会の要請によって大きく変化しており、その変化はこれからも

続くであろう。社会が続く限りこの変化はやむことがないであろうが、それは当然のことであると言える。ゆえに教育制度を学ぶ意義は、単に現代の教育制度がどのようなものであり、学校を運営し、教員として仕事をしていくうえで必要な知識を身につけることにとどまるものではなく、これからの社会や人々の要請に教育制度がどのように応えていくべきかを検討する視点を身につけることにもある。

　教育において、確かに現場は重要である。しかしながら現場を支えるこれらの教育制度というシステムを理解しておくことは、より円滑に現場での仕事を進めるうえでも重要である。


【引用・参考文献】

　　姉崎庸一・荒牧重人・小川正人・金子征史・喜多明人・戸波江二・広沢
　　　明・吉岡直子編『解説 教育六法〈2011年版〉』三省堂書店、2011年
　　岡田正章編著『戦後保育史』フレーベル館、1980年
　　土屋基規編著『現代教育制度論』ミネルヴァ書房、2011年
　　日本保育学会『日本幼児保育史』日本図書センター、2010年
　　平原春好編著『概説 教育行政学』東京大学出版会、2009年
　　保育福祉小六法編集委員会編『保育福祉小六法〈2011年版〉』みらい、
　　　2011年
　　細谷俊夫・奥田真丈、河野重男編『教育学大事典』第一法規出版、1978年
　　三上和夫『教育の経済』春風社、2005年
　　山住正巳『日本教育小史』岩波新書、1987年

第9章

# 教育行財政

田口　康明

## 第1節　行政による教育

　まず「行政」とは、よく知られているように三権分立の一つであり、「行政行為」とは、行政庁（国の省庁や地方公共団体）が、法律に基づいてその「行政目的」を実現するために、与えられた権能によって国民の権利や義務その他さまざまな法的地位を定めることである。

　一見、難しそうに思えるが、実はそうでもない。「小学校への就学」を例にとって説明してみよう。憲法第26条は、「すべて国民は、法律の定めるところにより、その能力に応じて、ひとしく教育を受ける権利を有する。②すべて国民は、法律の定めるところにより、その保護する子女に普通教育を受けさせる義務を負ふ。義務教育は、これを無償とする」と定め、全ての国民が教育を受ける権利を有していることを宣言している。これを受けて、教育基本法（2006年12月22日法律第120号）は、第5条（義務教育）に「国民は、その保護する子に、別に法律で定めるところにより、普通教育を受けさせる義務を負う」と定めている。「保護する子」のある「国民」（これを「保護者」という）は「普通教育を受けさせる義務を負う」のである。そして「別に法律で定める」ということで「学校教育法」が登場する。

学校教育法
　第16条　保護者（子に対して親権を行う者（親権を行う者のないときは、未成年後見人）をいう。以下同じ。）は、次条に定めるところにより、子に9年の普通教育を受けさせる義務を負う。
　第17条　保護者は、子の満6歳に達した日の翌日以後における最初の学年の初めから、満12歳に達した日の属する学年の終わりまで、これを小学校又は特別支援学校の小学部に就学させる義務を負う。ただし、子が、満

12歳に達した日の属する学年の終わりまでに小学校又は特別支援学校の小学部の課程を修了しないときは、満15歳に達した日の属する学年の終わり（それまでの間において当該課程を修了したときは、その修了した日の属する学年の終わり）までとする。

② 保護者は、<u>子が小学校又は特別支援学校の小学部の課程を修了した日の翌日以後における最初の学年の初めから、満15歳に達した日の属する学年の終わりまで</u>、これを<u>中学校、中等教育学校の前期課程又は特別支援学校の中学部に就学させる義務を負う</u>。

③ 前2項の義務の履行の督促その他これらの<u>義務の履行に関し必要な事項は、政令で定める</u>。 （下線は筆者）

　下線部に着目すれば、保護者は、子どもに9年間の義務教育を受けさせる「義務」を負っている。具体的には、「満6歳に達した日の翌日以後における最初の学年」に「小学校へ就学させる義務」を負い、その後は、第2項によって同様に「中学校に就学させる義務」もある。

　ここで小学校や中学校が出てきたが、これを誰が設置するかについて、学校教育法第38条は「市町村は、その区域内にある学齢児童を就学させるに必要な小学校を設置しなければならない」と規定している。中学校については第49条（準用規定）によって同様になっている。つまり、市町村に対して「学校設置義務」を課しているのである。また特別支援学校の設置義務（学校教育法第80条）を都道府県に課している。

　さらに学校教育法第17条に戻れば、「義務の履行に関し必要な事項は、政令で定める」として「学校教育法施行令」を定め、就学手続きについて、市町村や都道府県の役割を詳細に規定している。

　それぞれの学校がどのような教育を行うのか、つまり教育の目的・目標・内容については、小学校でいえば、学校教育法第25条（小学校教育の目的）、第26条（小学校教育の目標）を定めている。ちなみに中学校については、それぞれ第45条と第46条である。教育内容である教育課程に

ついては、第33条（小学校）と、第48条（中学校）に「教育課程に関する事項は、……文部科学大臣が定める」として学校教育法施行規則および同施行規則が定める学習指導要領を基準とするとしている。ちなみに学校の一つである幼稚園の目的・目標については、学校教育法第22条、第23条が定めている。

学校教育法の幼稚園に関する主な条文
第22条　幼稚園は、義務教育及びその後の教育の基礎を培うものとして、幼児を保育し、幼児の健やかな成長のために適当な環境を与えて、その心身の発達を助長することを目的とする。
第23条　幼稚園における教育は、前条に規定する目的を実現するため、次に掲げる目標を達成するよう行われるものとする。
　一　健康、安全で幸福な生活のために必要な基本的な習慣を養い、身体諸機能の調和的発達を図ること。
　二　集団生活を通じて、喜んでこれに参加する態度を養うとともに家族や身近な人への信頼感を深め、自主、自律及び協同の精神並びに規範意識の芽生えを養うこと。
　三　身近な社会生活、生命及び自然に対する興味を養い、それらに対する正しい理解と態度及び思考力の芽生えを養うこと。
　四　日常の会話や、絵本、童話等に親しむことを通じて、言葉の使い方を正しく導くとともに、相手の話を理解しようとする態度を養うこと。
　五　音楽、身体による表現、造形等に親しむことを通じて、豊かな感性と表現力の芽生えを養うこと。
第24条　幼稚園においては、第22条に規定する目的を実現するための教育を行うほか、幼児期の教育に関する各般の問題につき、保護者及び地域住民その他の関係者からの相談に応じ、必要な情報の提供及び助言を行うなど、家庭及び地域における幼児期の教育の支援に努めるものとする。
第25条　幼稚園の教育課程その他の保育内容に関する事項は、第22条及び

第23条の規定に従い、文部科学大臣が定める。
　**第26条**　幼稚園に入園することのできる者は、満3歳から、小学校就学の始期に達するまでの幼児とする。

　このような形で、法律に基づいて、国民の権利を実現するために、保護者・市町村・都道府県・文部大臣（国）、それぞれの役割を明確にし、実施されている。

## 第2節　中央政府と地方政府の機関

　日本の教育行政は、中央政府（国）においては文部科学省が、地方政府においては、都道府県教育委員会や市町村教育委員会が主に担っている。文部科学省は、いわゆる2001年の「中央省庁再編」によって文部省と科学技術庁が合体した省であるが、文部省は、1872年に翌年の「学制発布」を目的として設置された伝統的な官庁である。戦前は、内務省管轄下の各府県学務課とともに、中央集権的教育行政の頂点であった。戦後改革によって行われた「教育の地方分権」に併せて、地方への「指揮・命令」権は否定され、「指導・助言」行政を担うこととなった。とはいえ、教育委員会制度を通した実質的な指揮・命令は、さまざまな形で残されることになる。言い方を換えれば、建て前としての教育の地方分権を採用しつつ、国の役割を実質的に大きく残している。

　市町村や都道府県の教育の担い手である教育委員会は、米軍占領期にアメリカの行政委員会制度を移入して作られた制度である。警察や教育など、市長・知事のような政治家によって直接的に支配されるよりは、中立性を持たせたほうがよい（政治的中立性の確保）と思われる行政分野に導入された。

1948年の教育委員会法では、教育委員は住民の直接選挙によって選ばれた。この委員が合議によって決定し、教育活動や学校管理を行う「合議制執行機関」であった。当初は予算編成権も持っていた。

　しかし、1956年に「地方教育行政の組織及び管理運営に関する法律」が制定され、公選制教育委員会は廃止され、首長から任命される任命制教育委員会が誕生し、文部省の直接的な統制が利きやすい制度となった（1999年の地方分権一括法で制度的には一部改変された）。公選制であれば、閉ざされた専門家集団による支配ではなく、「素人支配（レイマン・コントロール）」が働きやすいと考えられた。しかし、任命制では事実上、教育委員が名誉職的な扱いを受け、教育委員会事務局（都道府県の場合、多くは教育庁と称する）とその長である「教育長」に実質的な権限が集中した。さらに、幹部的な教員が指導主事となって教育委員会事務局・教育庁に勤務し、そこから各学校へ文部省の意向や「指導・助言」を伝達し、伝導管となって、文部省による実質的な管理統制・指揮命令を実現していった。

## 第3節　幼稚園・保育所に関する行政

　概略は**図表1・2**のとおりであるので、ここでは補足的に財政を中心に述べる。

### 1．保育所の行財政

　保育所は児童福祉法に基づく施設である。同法第1条、第2条の条文は、国民の児童へ義務と国や地方公共団体の責務を示し、児童が愛護されるべき存在であることを宣言した。この理念に基づいて、保育所を含む児童福祉施設が設置されている。福祉制度全般を所管するのは厚生労働省

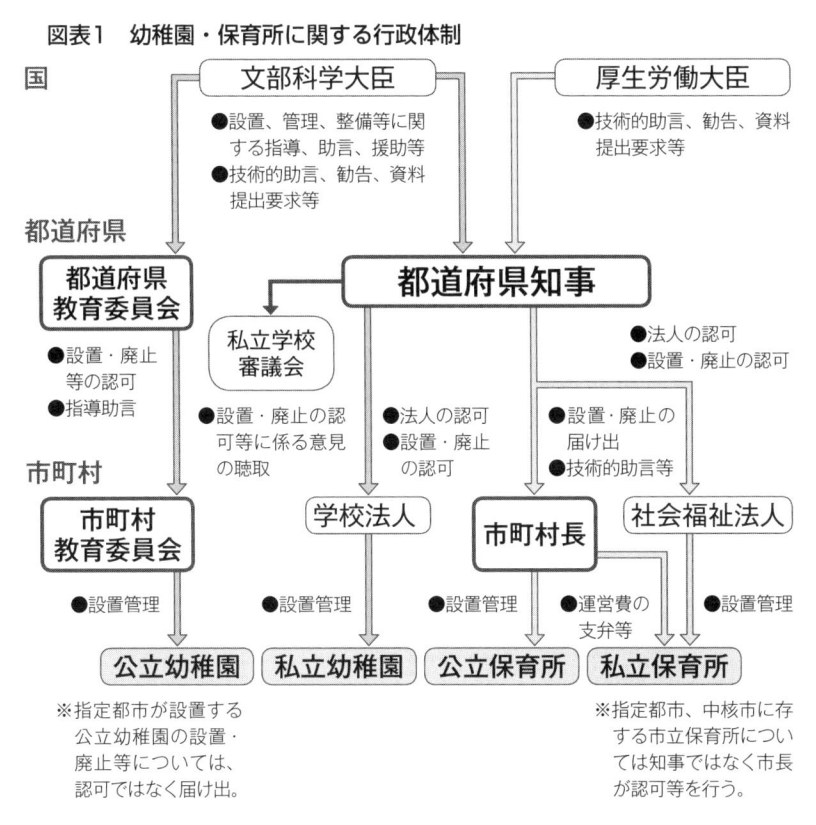

図表1　幼稚園・保育所に関する行政体制

```
国
            文部科学大臣                        厚生労働大臣
            ●設置、管理、整備等に関            ●技術的助言、勧告、資料
              する指導、助言、援助等              提出要求等
            ●技術的助言、勧告、資料
              提出要求等

都道府県
  都道府県                  都道府県知事
  教育委員会
                    私立学校              ●法人の認可
●設置・廃止           審議会              ●設置・廃止の認可
  等の認可
●指導助言          ●設置・廃止の認   ●法人の認可    ●設置・廃止の
                    可等に係る意見   ●設置・廃止     届け出
                    の聴取             の認可        ●技術的助言等

市町村
  市町村                 学校法人      市町村長     社会福祉法人
  教育委員会
  ●設置管理          ●設置管理    ●設置管理  ●運営費の    ●設置管理
                                                 支弁等
  公立幼稚園         私立幼稚園   公立保育所    私立保育所

※指定都市が設置する                       ※指定都市、中核市に存
  公立幼稚園の設置・                         する市立保育所につい
  廃止等については、                         ては知事ではなく市長
  認可ではなく届け出。                       が認可等を行う。
```

出典：中央教育審議会初等中等教育分科会幼児教育部会（第11回2004年4月16日）配布資料
（http://www.mext.go.jp/b_menu/shingi/chukyo/chukyo3/008/siryo/04042301/002.pdf）を基に作成

（旧厚生省）であり、高齢者福祉、障害者福祉、年金など福祉分野の一つとして児童福祉があり、その中に保育所保育がある。

児童福祉法
第1条　すべて国民は、児童が心身ともに健やかに生まれ、且つ、育成されるよう努めなければならない。
②　すべて児童は、ひとしくその生活を保障され、愛護されなければならない。

**図表2　市町村における幼稚園・保育所の行政組織例**

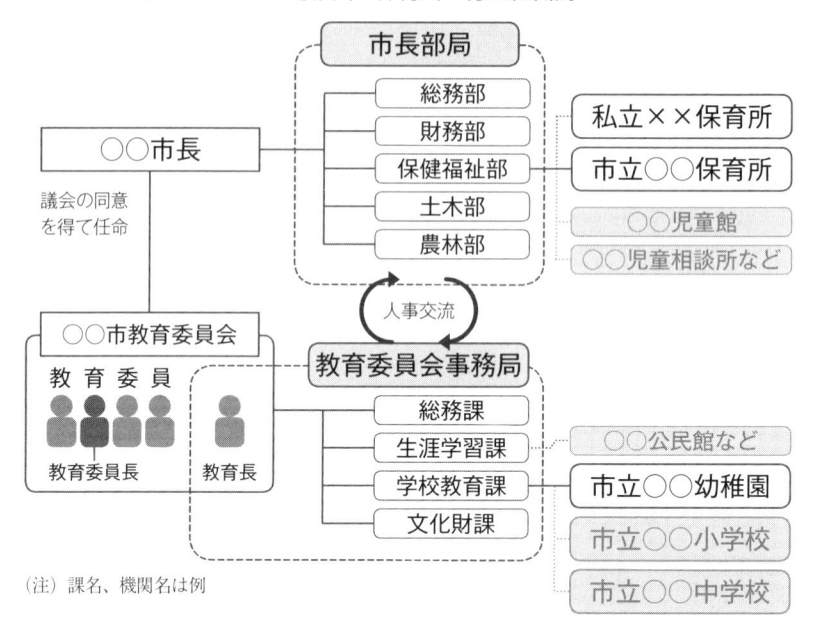

(注) 課名、機関名は例

出典：中央教育審議会初等中等教育分科会幼児教育部会（第11回2004年4月16日）配布資料
（http://www.mext.go.jp/b_menu/shingi/chukyo/chukyo3/008/siryo/04042301/002.pdf）を基に作成

第2条　国及び地方公共団体は、児童の保護者とともに、児童を心身ともに健やかに育成する責任を負う。

　厚生省は、戦後一貫して、憲法によって保障されたナショナル・ミニマム（国民の最低限の福祉の実現）に向けて努力してきた。保育所に関して大まかに言えば、設置運営は市区町村や社会福祉法人、施設設備や保育内容の基準は、国（厚生省）が担当してきた。さらに、国の責務として保育所運営費を一定割合負担してきた（**図表3**）。

　そこで現在の保育所の運営費は、①公立保育所で保育するための費用は市町村が運営費として直接支出する、② 私立保育所で保育するための費用は市町村が私立保育園に給付する、③市町村は、国や県から保育するための費用として支給される財源と保護者の所得に応じて徴収する

**図表3　保育所運営費（措置費）の国の負担割合**

| 1984年度 | 1985年度（暫定） | 1986～88年度（暫定） | 1989年度 |
| --- | --- | --- | --- |
| 8/10 | 7/10 | 1/2 | 1/2 |

（注）公立保育所については2004年に、「負担金」が廃止され、同額が地方交付税に繰り入れられた。負担金であった場合は、必ず保育所の運営に支出せねばならなかったが、地方交付税であれば市町村が自由にその使途を決定できる。これを「一般財源化」という。民間の保育所については現在でも、国が1/2、県が1/4、市が1/4負担している。　　　　　（筆者作成）

保育料（保育所徴収基準額は国が設定）を合算して①②を給付する。

こうした保育所の運営費は、「保育単価」制度による。これは地域、定員、児童の年齢などに応じた全国的に統一された基準であり、保育所入所児童一人当たりの月額運営費である。市町村はこれを最低限として地域の実情に応じて上乗せして、各保育所に支給するのである。

## 2. 幼稚園の行財政

幼稚園は、公立幼稚園の場合、設置者である各市町村教育委員会が直接的には管理と費用負担を行う（学校の設置者管理主義・負担主義）。実質的な負担の構造は、**図表4**のとおりである。

公立幼稚園の場合、設置者である市区町村が基本的には運営にかかる費用を主に負担し、保護者から徴収される保育料は補助的である。国は保護者に、園を通して幼稚園就園奨励費を支給する。

私立幼稚園の場合は、保護者の保育料が主な財源であるが、国からの私学助成金が都道府県の助成金と合わせて給付される。また、国は保護者への「幼稚園就園奨励費」を支給するが、ここには市町村の負担分もある。

しかしながら、公私問わず留意しなければならないのは、幼稚園はそれを支える市区町村の施策によって、存在条件が大きく異なることである。公立幼稚園が全くない自治体もあれば、小学校校区ごとに設置されているところもある。保育年限も大きく異なる。私立幼稚園の保護者に自治体負担で就園補助金を多く支給している自治体もあれば、そのよう

### 図表4　幼稚園の経費負担構造

**公立幼稚園**

| 国 | 市区町村 |
|---|---|
| 保護者（10%） | |

**私立幼稚園**

| 国 | 都道府県 |
| | 市区町村 |
| 保護者（60%） | |

（注）保護者の負担比率の根拠額は2003年のデータ。　　　　　　　　（筆者作成）

### 図表5　認定こども園の種類

| 幼保連携型 | 幼稚園型 | 保育所型 | 地方裁量型 |
|---|---|---|---|
| 認可幼稚園と認可保育所とが連携して、一体的な運営を行うことにより、認定こども園としての機能を果たすタイプ | 認可幼稚園が、保育に欠ける子どものための保育時間を確保するなど、保育所的な機能を備えて認定こども園としての機能を果たすタイプ | 認可保育所が、保育に欠ける子ども以外の子どもも受け入れるなど、幼稚園的な機能を備えることで認定こども園としての機能を果たすタイプ | 幼稚園・保育所いずれの認可もない地域の教育・保育施設が認定こども園として必要な機能を果たすタイプ |

### 図表6　幼保連携型の財政上の特例（私立施設）

| | 費目 | 現行 | 新制度 |
|---|---|---|---|
| 幼稚園 | （施設整備費）私立幼稚園施設整備費補助金 | 学校法人のみの助成 | 社会福祉法人にも助成 |
| | （運営費）私学助成 | 学校法人のみの助成 | 社会福祉法人にも助成 |
| 保育所 | （施設整備費）次世代育成支援対策 | 社会福祉法人、日赤等に助成（学校法人は対象外） | 学校法人にも助成 |
| | （運営費）保育所運営費負担金 | 設置主体にかかわらず助成 | 同左。さらに助成対象を拡大（定員10名でも保育所認可） |

出典（図表5・6）：文部科学省・厚生労働省幼保連携推進室ホームページ
（http://www.youho.go.jp/gaiyo.html）を基に作成

な制度が全くない自治体もある。保育料も、公私間格差が年額4万円程度の県もあれば、20万円を超す県もある。公立幼稚園であっても、幼稚園教諭が小・中学校と同様に教育職として身分保障されている場合もあれば、行政職として保育士と同じ身分である場合もある。全国画一的な小・中学校と異なり、幼稚園は実に多様である。

## 3. 認定こども園の行政

　今後の幼保一体化施策の進展にもよるが、今のところ第三の就学前教育・保育施設として「認定こども園」がある。2012年4月現在で、全国に911カ所（公立182、私立729）設置されている。根拠法令は「就学前の子どもに関する教育、保育等の総合的な提供の推進に関する法律」（2006年法律第77号）で、主務官庁としては、文部科学省と厚生労働省が連携して「幼保連携推進室」を設置している。タイプとしては、**図表5**のように4つある。今のところ最も多いのが幼保連携型である。

　幼稚園型は幼稚園、保育所型は保育所を中心とした施設であり、行財政的にはそれぞれの枠組みで運営される。幼稚園と保育所がしっかり結びついたのが幼保連携型である。両方の良さを財政的にも生かすために、**図表6**のような特例が設けられている。

## 4. 幼保一体化・一元化をめぐる行政の動き

　「親の就労形態を問わず、質の高い平等な保育をすべての子どもたちへ」という願いは、多くの保育関係者の悲願である。1960年代以降、一部の地域では、小規模自治体において幼保の一元的な管理運営が行われ、また、「同和保育」運動の中で親の就労にかかわらず「皆保育」を進める動きもあった。1963年には、文部省（当時）と厚生省（当時）の両局長通達「幼稚園と保育所の関係について」が出され、その中で「保育所のもつ機能のうち、教育に関するものは、幼稚園教育要領に準ずることが望ましい」と示された。さらに、文部省は同年、すべての希望する5

歳児が幼稚園教育を受けられるよう「幼稚園教育振興計画（第1次）」を策定した。1971年の中央教育審議会答申では、幼稚園と小学校低学年を統合した「幼児学校」構想や市町村に幼稚園設置を義務づける「5歳児の準義務化」が提案された。

　1990年代に入ると、少子化や保育ニーズの多様化への対応、「待機児童」解消、子育て支援の充実などを目的として、エンゼルプラン（94年）、「預かり保育」（97年）、「措置から契約へ」の児童福祉法の改正（同年）、新エンゼルプラン（99年）などが展開された。2000年代には、少子化社会対策基本法や次世代育成支援対策推進法（03年）が成立し、「幼・保の施設の共用化」（05年）が打ち出された。06年には、前出の「認定こども園」が発足した。しかしながら、文部科学省の委託を受けたNPO法人「全国認定こども園協会」の調査（2009年度）によれば、「認定こども園へ移行するために財政支援等が不十分。省庁間や自治体間の連携が不十分。会計処理や認定申請手続き等の事務手続きが煩雑。制度の普及啓発が不十分」といった理由で普及はあまり進んでいない。

【引用・参考文献】
　　大豆生田啓友・三谷大紀編『最新保育資料集〈2010〉』ミネルヴァ書房、2010年
　　西尾勝・村松岐夫編著『講座行政学 第3巻』有斐閣、1994年
　　（財）日本児童福祉協会『児童保護措置費保育所運営費手帳〈平成18年度版〉』2006年
　　林邦雄責任編集『保育用語辞典〔第2版〕』一藝社、2006年

第10章

# 教育内容

堀　建治

教育という行為を行う場においては、「教育内容」が包含されている。そして「教育内容」を媒介として、ヒトという存在は教育がなされる。「教育内容」を計画的に編成し、実行することが教育の場では重要とされる。「教育内容」を組織化し、計画化したものが「教育課程」である。本章では「教育内容」が成立するための教育の目的、教育課程、それらを評価する教育評価について検討する。

## 第1節　教育の目的と内容

### 1. 教育の目的と目標

　教育という営みは、特定の人間による、なんらかの意図性が含まれて行われる作用である。その意図は、教育活動を展開するうえで、教育の目的あるいは目標として位置づけられる。

　では教育における目的と目標の関係性はどのようなものであろうか。岸井勇雄は、目的、目標、ねらいについて、以下のように定義している〔岸井、1990〕。

〔目的〕結果として最終的にめざすもの。多くの場合、総括的・抽象的である。
〔目標〕具体的に達成されることをめざすもの。目的より個別的・直接的である。
〔ねらい〕個別の事例の中で達成をめざすもの。目標の、より具体化・細分化された個々の事項や、その意図。

　一般には、目的を達成するために目標が設定され、さらに目標を達成

**図表1　学校教育法上の「目的」（校種別）**

| 校種 | 目的 |
|---|---|
| 幼稚園<br>（学校教育法第22条） | 幼稚園は、義務教育及びその後の教育の基礎を培うものとして、幼児を保育し、幼児の健やかな成長のために適当な環境を与えて、その心身の発達を助長することを目的とする。 |
| 小学校<br>（学校教育法第29条） | 小学校は、心身の発達に応じて、義務教育として行われる普通教育のうち基礎的なものを施すことを目的とする。 |
| 中学校<br>（学校教育法第45条） | 中学校は、小学校における教育の基礎の上に、心身の発達に応じて、義務教育として行われる普通教育を施すことを目的とする。 |
| 高等学校<br>（学校教育法第50条） | 高等学校は、中学校における教育の基礎の上に、心身の発達及び進路に応じて、高度な普通教育及び専門教育を施すことを目的とする。 |
| 中等教育学校<br>（学校教育法第63条） | 中等教育学校は、小学校における教育の基礎の上に、心身の発達及び進路に応じて、義務教育として行われる普通教育並びに高度な普通教育及び専門教育を一貫して施すことを目的とする。 |
| 特別支援学校<br>（学校教育法第72条） | 特別支援学校は、視覚障害者、聴覚障害者、知的障害者、肢体不自由者又は病弱者（身体虚弱者を含む。以下同じ。）に対して、幼稚園、小学校、中学校又は高等学校に準ずる教育を施すとともに、障害による学習上又は生活上の困難を克服し自立を図るために必要な知識技能を授けることを目的とする。 |

するためにねらいが定められるのであるから、明確な目的意識が大前提となる。また、具体的なねらいを定めない活動は実質を伴わないものになりやすいため、目的・目標・ねらいの関係性や位置づけについて最大限の注意を払う必要がある。

　ところで、わが国の教育が目指すところである教育の目的や目標は、どのような形で提示されているのであろうか。教育の目的については、教育基本法第1条において、「教育は、人格の完成を目指し、平和で民主的な国家及び社会の形成者として必要な資質を備えた心身ともに健康な

**図表2　教育基本法上の「目標」**

> 第2条　教育は、その目的を実現するため、学問の自由を尊重しつつ、次に掲げる目標を達成するよう行われるものとする。
> 一　幅広い知識と教養を身に付け、真理を求める態度を養い、豊かな情操と道徳心を培うとともに、健やかな身体を養うこと。
> 二　個人の価値を尊重して、その能力を伸ばし、創造性を培い、自主及び自律の精神を養うとともに、職業及び生活との関連を重視し、勤労を重んずる態度を養うこと。
> 三　正義と責任、男女の平等、自他の敬愛と協力を重んずるとともに、公共の精神に基づき、主体的に社会の形成に参画し、その発展に寄与する態度を養うこと。
> 四　生命を尊び、自然を大切にし、環境の保全に寄与する態度を養うこと。
> 五　伝統と文化を尊重し、それらをはぐくんできた我が国と郷土を愛するとともに、他国を尊重し、国際社会の平和と発展に寄与する態度を養うこと。

国民の育成を期して行われなければならない」と示されている。

　教育の目的は、抽象的な教育の価値やその方向性を示すものであり、そのままでは直接の教育活動にはつながらない。したがって、わが国の教育の目的は、教育基本法第1条の規定を踏まえ、学校教育法で、校種別にそれぞれ規定されている（**図表1**）。また教育の目標については教育基本法第2条（**図表2**）を踏まえ、学校教育法において細かく規定されている（**図表3**）。

　幼稚園教育は、学校教育法第22条に規定する目的を達成するため、幼児期の特性を踏まえ、環境を通して行うものであることを基本とし、学校教育法での目的・目標を踏まえ、「幼稚園教育要領」が設けられている。幼稚園教育要領では、幼稚園教育は「生涯にわたる人格形成の基礎を培う重要なもの」として位置づけられており、その「第1章　総則」に示される「第1　幼稚園教育の基本」に基づき、幼稚園生活を展開し、その中で幼児に心情、意欲、態度を育成していくことが示されている（**図表4**）。また、教師は幼児との信頼関係を十分に築き、「幼稚園教育の基本」で示す事項を重視して、幼児とともによりよい教育環境を創造するように努めるものとされている。

**図表3　学校教育法上の「目標」（校種別）**

| 校種 | 目標 |
|---|---|
| 幼稚園<br>（学校教育法<br>第23条） | 一　健康、安全で幸福な生活のために必要な基本的な習慣を養い、身体諸機能の調和的発達を図ること。<br>二　集団生活を通じて、喜んでこれに参加する態度を養うとともに家族や身近な人への信頼感を深め、自主、自律及び協同の精神並びに規範意識の芽生えを養うこと。<br>三　身近な社会生活、生命及び自然に対する興味を養い、それらに対する正しい理解と態度及び思考力の芽生えを養うこと。<br>四　日常の会話や、絵本、童話等に親しむことを通じて、言葉の使い方を正しく導くとともに、相手の話を理解しようとする態度を養うこと。<br>五　音楽、身体による表現、造形等に親しむことを通じて、豊かな感性と表現力の芽生えを養うこと。 |
| 小学校<br>（学校教育法<br>第21条） | 一　学校内外における社会的活動を促進し、自主、自律及び協同の精神、規範意識、公正な判断力並びに公共の精神に基づき主体的に社会の形成に参画し、その発展に寄与する態度を養うこと。<br>二　学校内外における自然体験活動を促進し、生命及び自然を尊重する精神並びに環境の保全に寄与する態度を養うこと。<br>三　我が国と郷土の現状と歴史について、正しい理解に導き、伝統と文化を尊重し、それらをはぐくんできた我が国と郷土を愛する態度を養うとともに、進んで外国の文化の理解を通じて、他国を尊重し、国際社会の平和と発展に寄与する態度を養うこと。<br>四　家族と家庭の役割、生活に必要な衣、食、住、情報、産業その他の事項について基礎的な理解と技能を養うこと。<br>五　読書に親しませ、生活に必要な国語を正しく理解し、使用する基礎的な能力を養うこと。<br>六　生活に必要な数量的な関係を正しく理解し、処理する基礎的な能力を養うこと。<br>七　生活にかかわる自然現象について、観察及び実験を通じて、科学的に理解し、処理する基礎的な能力を養うこと。<br>八　健康、安全で幸福な生活のために必要な習慣を養うとともに、運動を通じて体力を養い、心身の調和的発達を図ること。<br>九　生活を明るく豊かにする音楽、美術、文芸その他の芸術について基礎的な理解と技能を養うこと。<br>十　職業についての基礎的な知識と技能、勤労を重んずる態度及び個性に応じて将来の進路を選択する能力を養うこと。 |
| 中学校<br>（学校教育法<br>第46条） | 小学校と同じ |

**図表4　幼稚園教育の基本**（幼稚園教育要領第1章第1）

1. 幼児は安定した情緒の下で自己を十分に発揮することにより発達に必要な体験を得ていくものであることを考慮して、幼児の主体的な活動を促し、幼児期にふさわしい生活が展開されるようにすること。
2. 幼児の自発的な活動としての遊びは、心身の調和のとれた発達の基礎を培う重要な学習であることを考慮して、遊びを通しての指導を中心として第2章に示すねらいが総合的に達成されるようにすること。
3. 幼児の発達は、心身の諸側面が相互に関連し合い、多様な経過をたどって成し遂げられていくものであること、また、幼児の生活経験がそれぞれ異なることなどを考慮して、幼児一人一人の特性に応じ、発達の課題に即した指導を行うようにすること。

　幼児の発達はさまざまな側面が絡み合って、ときには教師との関わりが加わり、子どもどうしが相互に影響し合うことで形成されていくものである。後述するように、幼稚園での「ねらい」は、幼稚園生活の全体を通して子どもがさまざまな体験を積み重ねる中で相互に関連を持ちながら、しだいに達成に向かうものでなければならない。そして「ねらい」に付随する「内容」は、幼児が環境に関わって展開する具体的な活動を通して、総合的に指導されるものという理解が必要である。

## 2. 教育の内容

　教育の内容については、教育権との関係から論じられることがある。これは、教育内容の決定権が国民にあるのか、それとも国家にあるのかというところに起因するものである。それは教育の内的事項、外的事項として提示されている。内的事項とは、教育方法あるいは教育の内容に関わるものであり、教育法規上、重要な視点であると認識されている。外的事項とは、教育に関わる設備・施設を指している。特に内的事項は、教員や教育内容について「不当な支配」を受けないという原則がある。

　では、内的事項である教育の内容はどのように規定されているのであろうか。幼児教育では、いわゆる「保育内容五領域（健康、人間関係、環境、言葉、表現）」で示されていることが教育の内容に該当する。幼稚

園教育では、前述のように幼稚園教育要領で「幼稚園修了までに育つことが期待される生きる力の基礎となる心情、意欲、態度など」が「ねらい」とされ、ねらいを達成するために教師が指導し、幼児が身につけていくことが望まれるものを「内容」としている。

「領域」という概念が、小学校での「教科」とは異なり、幼児の発達の側面から示されている。各領域での事項は、教師が幼児の生活を通して総合的な指導を行う際の視点であり、幼児の関わる環境を構成する場合の視点として位置づけられている。その意味からも幼稚園教育における領域は、それぞれが独立した授業として展開される小学校の教科とは異なり、領域別に教育課程を編成したり、特定の活動と結びつけて指導したりするなどの取り扱いをしないよう注意しなければならない。

領域のねらいと内容の取り扱いに当たっては、幼稚園教育における領域の性格や意味づけを理解し、各領域で示される「内容の取扱い」を踏まえ、適切な指導が行われる必要がある。

## 3. 教育の方法

教育の内容をどのような形で実現するかについては、具体的な活動内容、クラスサイズ、年齢によってさまざまな形態が存在している。

ところで、わが国では伝統的な考え方として、教科中心主義教育と経験中心主義の2つの潮流に分類できる。

教科中心主義教育とは、人類が構築した知識・技術について学問的に系統づけられた教科を学習することに主眼が置かれる教育形態である。指導方法としては、同じ内容を同じ場所で同じ時間に、つまり一斉に行われる。この場合、子どもの興味・関心の有無、あるいは知識や技術に対する理解度は考慮されないという問題が指摘される。

対する経験主義教育とは、子どもの興味や関心にその重点が置かれ、生活を中心とする経験や活動を教育内容とするものであり、人間社会での生活上での課題や問題を解決しながら、実践的な態度を形成していく

方法である。わが国の幼児教育では幼稚園教育要領に示されているとおり、子どもの発達に即した形での活動が求められており、基本的に経験主義教育の手法がとられている。また小学校低学年での「生活科」でも、同様の方法が認められる。

　以上の2つの方法のうち、どちらの教育方法を取るかによって、後述する教育計画、あるいは教育課程のありようも変容するのである。

## 第2節　教育計画

### 1. 教育計画とは

　学校や幼稚園で、教育の目的や目標をいかに有効に達成し、望ましい人間形成を図るかに主眼が置かれる。望ましい人間形成の基礎づくりとしての教育の目的や目標を達成するために、組織的・継続的な営みを行う場として学校は存在している。幼稚園等では組織的・継続的な教育を営むために、適切な教育計画を作成することが必要となる。教育計画の中でも乳幼児・児童の援助・指導に関わる基本的なものが「教育課程」である。

　幼稚園等で編成すべき「教育課程」とは、幼児教育・保育の目的を達成するために、教育の内容を乳幼児の心身の発達に応じて、教育週数等との関連において総合的に組織した教育計画である。教育課程は、幼稚園等で編成し実施されるものであるが、国が定める基準である幼稚園教育要領にのっとって編成されなければならない。教育課程に対して、国が一定の基準を設けるのは、幼稚園など公的性格を有する教育施設において教育を受けるに当たって、全国的に一定の教育水準が確保される必要があり、全国どこにおいても同水準の教育を受ける機会を保障すると

**図表5　幼稚園における教育課程編成の具体的手順**

① 編成に必要な基礎的事項についての理解を図る。
・関係法令、幼稚園教育要領、幼稚園教育要領解説などの内容について共通理解を図る。
・自我の発達の基礎が形成される幼児期の発達、幼児期から児童期への発達についての共通理解を図る。
・幼稚園や地域の実態、幼児の発達の実情などを把握する。
・社会の要請や保護者の願いなどを把握する。

② 各幼稚園の教育目標に関する共通理解を図る。
・現在の教育が果たさなければならない課題や期待する幼児像などを明確にして教育目標についての理解を深める。

③ 幼児の発達の過程を見通す。
・幼稚園生活の全体を通して、幼児がどのような発達をするのか、どの時期にどのような生活が展開されるのかなどの発達の節目を探り、長期的に発達を見通す。
・幼児の発達の過程に応じて教育目標がどのように達成されていくかについて、およその予測をする。

④ 具体的なねらいと内容を組織する。
・幼児の発達の各時期にふさわしい生活が展開されるように適切なねらいと内容を設定する。その際, 幼児の生活経験や発達の過程などを考慮して、幼稚園生活全体を通して、幼稚園教育要領の第2章に示す事項が総合的に指導され、達成されるようにする。

⑤ 教育課程を実施した結果を反省、評価し、次の編成に生かす。

出典：文部科学省『幼稚園教育要領解説』2008年

ころに由来している。具体的な教育課程の編成の手順については、**図表5**に示すとおりである。

## 2. 教育計画の種類と意義

　教育計画には長期のものと短期のもの、クラス単位と個別など、さまざまなものがある。教育計画は、教育機関における教育の目標や方針を実践の中で具体化するためのものであるが、計画のフォーマットについては決まったものはない。教育機関ごとそれぞれに、使いやすい書式が

作成され用いられている。

　長期計画には、1年間の生活を見通して作成される「年間計画」や、学期ごとで立案される「学期計画」、あるいは年間計画に基づいて1カ月単位で子どもの生活を見通して立てられる「月案」などがある。短期計画には、長期計画をさらに具体化するために、1週間単位での生活を見通して具体的な活動を含めて作成される「週案」、その日の子どもの教育活動をどのように展開し、1日の子どもの生活時間を細かく見通して作成される「日案」などがある。

　教育の場において、教育計画を作成する意義として、次のようなことが挙げられる。まず第1に、子どもの実態の把握と発達の理解がある。個々の子どもが日常の活動を通じて、何に興味や関心を抱いているのか、生活や遊びへの取り組みはどうか、教師や友達との関わり方はどうであろうか、などといったことから、一人ひとりの子どもの理解が重要となる。また、クラスなど集団の中で、子どもの発達を個別的に捉えて、そこでの生活の仕方に見られる子どもの姿を理解する姿勢が必要である。そして、現在、どのような発達の状態（段階）にあるのか、そして将来、子どもがどのような方向に向かっていくのか、明確な形で提示し、理解を進めることが要求される。

　第2に、活動に対する評価・点検の意義が認められる。幼稚園等での活動は子どもの理解を踏まえながら、環境を通した活動が展開されるのだが、果たして教師側の「ねらい」に沿った実践が行われたのか、あるいは遊びから子どもはなんらかの学びが得られたのか。計画を設定するだけでなく、活動への振り返りがなされることで子どもへの理解が進むのであり、それが、教師自身、あるいは園全体の教育活動の方向性の見直しにもつながるのである。その点からも、教育計画を充実させ、さらに計画を評価・改善することは、教育の質そのものを向上させることに直接つながる活動と言える。

# 第3節　教育評価

## 1. 教育の評価

　教育の評価というと、試験の点数や通知表の成績を思い浮かべる人が多くいるだろう。テストの点数、通知表の評価などは教育を受けた後の結果の測定としての評価であり、狭義の教育評価と言える。教育という営みは点数化できない、つまり外的な面では評価できないことも含まれることは経験的に理解しているところである。例えば、運動会の徒競走で毎日毎日練習していた子どもが、当日に途中で転んでしまい、上位に入れなかったとしよう。その子は目に見える結果、つまり外的な面からはトップになれず残念ということになってしまうのだが、当日に向けて、その子なりに早く走るための努力を重ねたり、自分なりにモチベーションを高めたり、さらに走るということから鬼遊びでの逃げ方の工夫をしたことなど、その子の内的な面という観点からは大きく成長したとも言える。

## 2. 教育の目標と教育の評価との関わり

　教育活動はなんらかの目標やねらいを持って意図的かつ組織的に行われるものである。目標やねらいが存在しないものは教育という営みではないとも言える。ところで、教育の目標の立て方として2つの方法がある。1つは、方向目標と呼ばれるものである。これは、教育の目標やねらいを方向として示すものであり、幼児教育では中心となっている方法である。もう1つは、到達目標と呼ばれるものである。これは「文字を読むことができる」、「個数を数えることができる」など、具体的にここまでできる必要があるという到達点が示される方法である。どのような

教育の目標やねらいを立てるかが、後述する教育の評価をどのような形で行うかということと密接に関連する。

## 3. 教育の評価の種類

評価には必ず評定の尺度、つまり「ものさし」が必要となる。現在、教育の場で使われている「ものさし」には、絶対評価、相対評価、到達達成度評価の3つの種類がある。

絶対評価とは、教師が設定した教育の目標やねらいに照らして指導の結果を評価する方法である。この評価方法は、教師が設定した目標やねらいを達成したと判断すれば、人数の制限なく評価するというものである。絶対評価は、教育の目標やねらいの妥当性、目標やねらいに到達したと教師が判断する客観的な根拠が不明確などの問題点が認められる方法である。

相対評価とは、絶対評価に対する呼称であり、個人の成績などをその個人の属する集団の中での位置を示すことで評価する方法である。相対評価は、統計学の理論である正規分布曲線を利用し、評価段階の人数を配分することにより、集団内における相対的な位置を示すということでその役割を果たす方法である。相対評価は、集団内で比較するという「ものさし」を利用するため、敵対的・排他的な競争を生み出すだけでなく、必ず最低評価がつく子どもが一定数出現するため、やる気のある子どもの学習意欲を喪失させる、あるいは教師が自身の教育活動を改善する手がかりにならないという欠点が指摘される。

到達度評価とは、到達目標に照らし合わせて指導の成果を判断しようとする方法である。到達度評価では、教育の目標やねらいがまず到達目標として設定されることに加えて、指導のプロセスで診断的評価、形勢的評価、総括的評価が行われ、子ども一人ひとりの状態を教師が把握することが可能となるものである。

なお、幼稚園では子どもの成果を指導要録（保育所では児童保育要録）

に記載することが求められている。今後は、教育評価のあり方を含めて、教育評価そのものが教育における「最善の利益」を保障するための核になるとの認識が重要であろう。

【参考文献】

青木一・小川利夫・斎藤浩志・山住正己・大槻健・柿沼肇・鈴木秀一編『現代教育学事典』労働旬報社、1988年

熱海則夫・奥田眞丈編『教育課程の編成』(新学校教育全集2)ぎょうせい、1994年

岸井勇雄『幼児教育課程総論』同文書院、1990年

教師養成研究会『教育原理──教育の目的・方法・制度〔6訂版〕』学芸図書、1993年

佐藤正夫『保育・幼児教育の原理』亜紀書房、1993年

田島一・中野新之祐・福田須美子『やさしい教育原理』有斐閣アルマ、1997年

田原迫龍麿・仙波克也編『教育原理総説』コレール社、1996年

戸田雅美・佐伯一弥編『幼児教育・保育課程論』建帛社、2011年

丸井文男監修『教育の本質と目標』(新・教職課程シリーズ1)協同出版、1991年

# 第11章

# 教育方法

今井　康晴

## 第1節 教育方法の原理

### 1. 教育方法の意味

　教育方法は、教育という普遍的な活動の中で、教育課程、教育内容、環境などさまざまな視点で開発され発展を遂げてきた。同時に、それは日常生活の中で学び続ける子どもへの支援・援助としての役割を担いつつ、発達に対する理解などを踏まえ開発されている。教育方法の学問的性格は、「なぜ」、「何を」、「何のために」教育するかという教育目的や教育内容を踏まえ、「どのように教えるか」という観点からのアプローチである。ゆえに、教育方法の方向性は、①教育目的、教育課程、教授―学習、授業研究といった理論的方向性と、②生活場面、学習場面における具体的な問題解決などの実践的方向性に大別される。

　また、教育方法は教育目的や意図によって変化する。幼児教育では、日常生活における「発達の援助」、「生活の支援」が目的とされ、生活や遊びなどの環境や状況に応じて規定される。小学校教育では、学校教育法および学習指導要領において、知識の正しい理解や精神・技能を養うことが目的とされ、各教科の単元、時間数、授業のねらいなどを踏まえて規定される。このように教育方法は、子どもが社会生活に必要な知識・技能・文化を習得する際に、カリキュラムや教育実践との関わりにおいて考察され、子どもの個性・発達・可能性を反映し開発される。

　したがって、教育方法は多様な領域を横断し、実践では、「目的―内容―手段」、「教授―教材―学習」の関連によって検討されるのである。

### 2. 教育方法の歴史

　教育方法の歴史を概観すると、古代ギリシャまで遡ることができる。

## (1) 古代ギリシャ

　古代ギリシャの哲学者ソクラテス（Sokrates, BC469頃～399）は、「対話法」による知の探究を促す教育を行った。「対話法」は、相手が真理に到達し知識を得るまでの過程を援助する「産婆術」や、相手に無知を自覚させ真理を認識させる「問答法」などに応用され、教育方法の原点と位置づけられる。ソクラテスの弟子のプラトン（Platon, BC427頃～347）は、アテネ郊外に「アカデメイア」という学園を設立し、プラトンの弟子であったアリストテレス（Aristoteles, BC384～322）も、リュケイオンに学塾を設立した。こうしたプラトンやアリストテレスの教育方法は、対話形式から教育施設の設立による講義形式へと展開し、今日の学校教育のモデルとなっている。

## (2) コメニウスとヘルバルト

　近代に入ると、コメニウス（J. Comenius, 1592～1670）により、無知無学の子どもたちにわかりやすく教える教授学が開発された。彼は、「全ての人に全てのことを」教授することを掲げ、「あらゆる人にあらゆる事柄を教授する普遍的な技法」として『大教授学』（1657）を記した。また彼は、世界で初めて絵入りの教科書『世界図絵』（1658）を作成した。『世界図絵』は、教科書であると同時に子どもの絵本としても用いられ、教室での視聴覚教材の先駆として位置づけられている。

　教授を教育方法として組織的に研究し、教育学における主要な科学として確立したのが、ヘルバルト（J. Herbart, 1776～1841）である。ヘルバルトは「管理」、「教授」、「訓練」の3つに分け、教育的教授を真の教授としてその目的を明らかにし、独自の心理学説に基づいた明瞭、連合、系統、方法の4つの段階に区別し、教授法を展開した。ヘルバルトの教授法は、知識や科学の体系・系統を重視した教育方法の基礎となり、今日の教育に影響を及ぼしている。

(3) ルソー

　子どもの存在に注目し、教育方法を論じたルソー（J-J. Rousseau, 1712～1778）は、『エミール』（1762）において、「創造主の手から出るときには、全てが善い」と、人間の本性が善なることを説き、性善説に立脚した教育論を展開した。彼は、子どもの観察から学ぶことの重要性を主張し、人間の成長や発達には段階があることや、子どもを子どもとして成熟させることを強調した。ルソーが重視した教育内容は、書物を通した知識の獲得、教訓による道徳性や社会性の習得ではない。彼は、子どもに自由な活動を与えることで、感覚・知覚を鍛え、経験を通して判断力を養うことを提案したのであった。したがってルソーの教育方法は、子どもの内面に備わる「自然」に従わせ、それを見守ることによる「消極教育」と称されている。これは、子どもの活動に対して、子どもの自主的な行動を見守り、自由を保障する幼児教育の原理に反映されている。

(4) ペスタロッチ

　ペスタロッチ（J. Pestalozzi, 1746～1827）は、コメニウスの教育方法を基に、子どもの活動の原理に基づき教授法を探求した。彼は、貧民の救済と庶民の教育を掲げ、『メトーデ』（1800）、『ゲルトルートは如何にしてその子を教えるか』（1801）において、幼児教育方法論を展開した。彼の教育方法は、「複雑なものに進む前には必ずまず簡単なものを完全にすることを学べ」と主張し、知識の要素を単純化し教授する「直観教授」を提案した。それは「あいまいな直観から明晰な概念へ」という言葉で表現され、事実に対する直観から、明晰な言語で表現される概念へと到達すること、対象から受けた印象を表現することなどを重視した。自然に関する感覚や印象を教授の基礎と位置づけるペスタロッチの理論は、同時に生活から技能を学び、技能を生活に生かすといういわゆる「技能の陶冶」、「生活の陶冶」が最も自然に即した幼児教育のあり方であると説いた。つまり幼児期における教授は、具体的なものから抽象的

なものへ、特殊なものから一般的なものへと展開する。その過程で子どもが具体的な観察・経験から得た印象や直観の結果を、自分自身の観念で表現すべきであるとペスタロッチは主張するのである。このような幼児期の自然発生的な活動において、事物の観察や表現を教授法や教育方法として捉えたことは、今日の幼児教育に多大なる影響を与えている。

### (5) フレーベル

幼児教育の祖と称されるフレーベル（F. Fröbel, 1782 〜 1852）は、ペスタロッチに啓発され、その教育思想を展開した。彼は『人間の教育』(1826)の中で、「遊ぶこと・遊戯は、子どもの発達の最高の段階」と位置づけ、子どもの遊びと「子どもの遊びの保育」を推奨し、幼児期の遊びの意義や教育効果を主張した。そして「恩物」を、教育のための玩具として開発した。したがって、フレーベルによる幼稚園の教育内容は、遊具（毛糸のボールや積み木）を用いた遊び、作業具（板、棒、ボール紙、粘土など）による作業、運動遊び、散歩、畑での野菜や花の栽培などであった。フレーベルの試みは、読み・書き・算や道徳といった教科前教育を目的とした幼児教育を一新するものであった。子どもの生活経験において自然的・自発的な遊びを教育の視点で捉えたことは、幼児教育の方法としても意義深い。

## 第2節　教育方法の種類

### 1. 教育方法の3つの形態

教育実践の現場での教育方法は、教育者によるアプローチと学習者によるアプローチの相互作用によって構成される。前者は教授（teaching）

という言葉で示され、その機能は、知識、技能、文化などを子どもたちに教育・伝達することである。後者は、学習（learning）という言葉で示され、学習者が、教育内容にある知識や能力をどのように獲得するかという学習者側からの教育行為を検討することである。そして教授─学習の媒介となる教科、教材、教育内容などを踏まえ、学習状況や学級構成に応じた最善の教育方法が適用される。したがって、子どもが能力や知識を獲得する過程は、単に教師による教育内容の入力結果だけではなく、知識を得て学習活動の中で活用することも含まれ、同時に次世代への文化伝達、新たな文化の創造といった広い視野での意義も含まれる。

　こうした教授─学習の形態として、以下の3つを挙げることができる。

## (1) 経験的学習

　第1は、子どもを主体とし、生活の中での経験や体験を通して知識や技能を身につける方法である。教育における経験概念は、主に感覚的経験を背景とし、子ども自身の感覚や直観に基づいて発達させることを目的とする。コメニウスの「事物教授」やペスタロッチの「直観教授」がこれに該当する。また、児童中心主義や経験主義教育の主導者であるデューイ（J. Dewey, 1859～1952）は、教育を「経験の連続的再構成」と捉え、環境への主体的な働きかけ、問題に対する自主的な学習活動などによる知性や知識を身につけることを主張した。

　経験を重視した学習法に目を向けると、生活単元学習、問題解決学習などが挙げられる。

　生活単元学習は、子どもたちの生活経験を通じて各教科における知識や技能を学習する方法である。生活単元学習のねらいは、画一的な教授による学問的知識の獲得を目的とするのではなく、子どもの実際の生活から生活習慣や生活態度を習得することを目的とする。生活単元学習は、主に幼児教育において適用され、小学校教育では1、2学年時における生活科によって展開されている。

問題解決学習は、子どもが直面する具体的な学習問題を扱い、その問題解決における思考活動の過程を重視し、課題解決の諸能力を育成することを目的とする。また問題解決学習は、現実の生活問題に主体的に取り組むことで、協力して解決する実践的能力の習得や「生活を営む力」の獲得などが期待される。知識は問題解決における手段であり、子どもたちの能動的かつ主体的な経験から「為すことによって学ぶ」ことがデューイの主旨とするところである。

### (2) 系統的学習

　第2は、学問、知識、科学を主体とし、日常生活の活動のみでは習得しきれない科学的概念や知識を、教科の系統性・構造性を構築することによって教授する方法である。これは現代科学の進歩に対応し、最先端の学問や知識を教育内容に反映させることを強調する。学問体系を重視した学習法として、系統学習が挙げられる。これは、教育内容の論理的な連続性を重視し、学習内容を系統的に捉えるものである。人類が積み重ねてきた科学技術、芸術などの文化遺産を効果的に習得させるために系統化し、知識の継承、社会生活の維持と進歩に貢献するものとして支持された。系統学習では、主に教師の指導性が重視され、教師の的確かつ明確な指導により、子どもの知識・技能が身につくと考えられる。

### (3) 発見学習

　知識や技能の習得に際して、経験的学習と系統的学習を統合する第3の方法として、発見学習が挙げられる。発見学習は、科学知識を「問題」の形に組み直し、問題を子どもに投げかけ、子ども自身に思考させ結論を発見させる学習法である。提案者であるブルーナー（J. S. Bruner, 1915～）は、問題解決の過程における知識や結論を導く発見を重視し、学習者の主体的参加を促す方法として主張した。彼は、問題を見つけ出す能力と解決する能力の育成過程で、「学習の仕方を学習する」（learning by learning）ことを強調した。つまり、子どもの学習活動や思考過程は、系統学習で得た知識や能力を活用し、問題解決学習と同じ過程をたどりつつ、子どもたちが知識体系を発見するものとして捉えられるのである。

## 2. 幼児教育における教育方法

　幼児教育の教育方法においては、子どもと活動内容との関わりだけでなく、子どもの発達や成長を目的とした方法が追求されなければならない。フレーベルの自然主義の教育や恩物に影響を受けたモンテッソーリ（M. Montessori, 1870～1952）は、個々の子どもの十分な発達とその援助を目的とした教育を主張した。彼女は、子どもの自由と自発的成長を主体とした教育思想に基づき、子どもたちが安心して自由に遊べる教育環境として「オープン・エデュケーション」を提案した。またモンテッソーリが創設した「子どもの家」（casa dei bambini）では、子どもたちの五感を刺激するように手触り、重さ、材質にこだわった「モンテッソーリ教具」を通して、暗記ではなく経験に基づいた質量や数量の感覚を身につけること、感覚を言語で表現する言語教育などが実践された。

　わが国では、明治から昭和にかけて倉橋惣三（1882～1955）による幼児教育が挙げられる。彼は、ペスタロッチやフレーベルに影響を受け、子どもを中心とした教育を支持し、子どもの自発と心情を基調とした自由遊びを重視した。そして子どもの生活とルールに根ざした教育を目指し、子どもの自発的に伸びる力に対する教育的配慮や援助を主体とした「誘導保育」を提案した。また倉橋における教師の役割は、成長を導き出す教育環境を整備することであり、子どもの自発的な活動を引き出すことであった。

　このように、幼児期における教育方法のあり方は、活動経験の場である教室、園庭の管理および教具の整備と同様に、子どもを注意深く観察する方法が求められる。保育者としては、子どもたちの意思・態度・欲求を読み解く力とそれを反映させる方法、および子どもの発達に即した

自発的活動を促す方法の選択が肝要である。

## 第3節　子どもの遊びと生活経験

### 1. 遊びのあり方

　これまで、経験と知識、教授と学習という基本的コンテクストで教育方法を述べてきた。これらの教育方法の根底には、当然のことながら教師と子ども、あるいは仲間どうしの充実したコミュニケーションが必須である。コミュニケーションの基礎を培うものとしては、日常生活における「遊び」を通した経験が一例として挙げられる。遊びは、子どもの生活の中心であり、子どもの発達に必要不可欠である。自由な活動の中で、体力の増進、身体の発育と同時に、仲間との遊びを通して対人関係を知り、他者との協同（cooperation）を身につけるのである。

　遊びの形態としては、人間関係に着目した社会的関係性に基づくものと、子どもの心的機能や発達段階に基づくものとに分類される。

　前者について、シュテルン（W. Stern, 1871～1938）は、遊びを自己と他者の関わりとして捉え、一人遊び（身体遊び、対象遊び、役割遊び）と社会遊び（模倣または伝染、共同役割遊び、対抗遊び）に大別した。シュテルンの理論を踏まえ、これを精緻化したパーテン（M. Parten, 1902～）は、子どもの遊びの形態として、①遊ばずにぼやぼやしている状態、②他の子どもを見ているが遊びはしない傍観者遊び、③他の子どもと同じような遊びをしているが、いっしょには遊ばない平行遊び、④他の子どもといっしょに遊び、活動に対する対話がある連合遊び、⑤一定の目的のために共に遊ぶ協同遊び、の5つのプロセスに分類した。同時に彼は、一人遊びおよび平行遊びは2～4歳児から加齢とともに減少するが、

連合遊びや協同遊びは増加することを指摘した。

さて、後者について、スイスの心理学者ピアジェ（J. Piaget, 1896～1980）は、機能遊び（頭や手足を目的なく動かし、座る、立つ、歩く、ものをつかむ、といった行動を繰り返す遊び）、象徴遊び（物を何かに見立て、他の物や自分の動作に代理として象徴機能を用いた遊び）、ゲーム（遊びの中で仲間との相互性に基づき、役割を演じ協力し、ルールを作り守るゲーム性を持った遊び）という子どもの認知発達段階や行動水準による3つの段階に分類した。こうした加齢による遊び形態の過程では、例えば、布切れを「枕」に見立てて「眠るふり」をするといったふり遊び、積み木をミニカーに見立てる遊び、キャラクターに成りきる遊びなどを経て、最終的にはごっこ遊びとして役割を的確に演じ、ストーリーを組み立てていくなど、極めて高度な心的働きが見受けられる。

このように遊びのあり方は、何を基準とするかによって多種多様な分類がなされる。遊びによる子どもの発達は、成長とともに複雑、巧妙かつ組織だったものとなる。しかし、遊びだけが独立して発達するのではなく、言語理解、認知能力、身体の発育、社会性などと相互に関わり合い、補完しながら発達するのである。

## 2. 協同の原理

次に、遊びにおける他者との相互作用の意義について考えてみる。遊びにおける協同の理論は、ロシアの心理学者ヴィゴツキー（L. Vygotsky, 1896～1934）の「発達の最近接領域」を基調とする。これは、子どもが一人でできるレベルと他者の援助や何かの道具を媒介すればできるレベルとの間の範囲を意味する。学習者は「発達の最近接領域」の範囲内で学習するときに、支援的役割を受けることで、理解や知識を発達させることができる。したがって、ヴィゴツキーは現在の発達水準と同じレベルの、またはそれを下回る単純で容易な課題を提供することを批判した。つまり、彼は「子どもの発達や学習意欲を保障するには、学習や発達に

先行して教育課程を組織すべきである」という原理を主張するのである。

この「発達の最近接領域」を踏まえ、ブルーナーは、「足場掛け」として、その理論を一般化した。「足場掛け」は、他者との協同場面における道具や言葉による介助を意味し、それらを媒介とした学習活動を社会的に組織する理論である。これは、建物を建設する際の作業を行うための仮設の作業板や通路など作業状況に応じた足場が組まれ、完成と同時に外される一連の流れを協同活動の場面に見立てたものである。つまり「足場掛け」は、子どもが発達を自ら建設していく過程において、他者はその発達の土台となる足場の役割を果たすことを意味する。ブルーナーは「足場掛け」を幼児どうしのブロック遊びなどの課題解決に見いだすと同時に、特に母子間コミュニケーションにおける言語獲得の過程に注目した。幼児が言語を獲得する過程は自然発生的に行われるのではなく、親子の相互作用による「言語獲得援助システム」が発揮され、その構造には足場となるフォーマットが必須であることを説いた。

「足場掛け」は、学習者が新たな概念の理解および能力の獲得を達成するとき、他者が行う体系的な支援を指す。そして学習者が自分一人では達成できない課題に直面した際に、他者との協同における適切なアドバイスや援助・支援に「足場掛け」の教育的効果が見られるのである。

### 3. 協同遊びと協同学習

他者との相互交渉における教育的効果は、幼児教育においては協同遊び、小学校教育においては協同学習によって発揮される。協同遊びでは、まず遊びを構成し、他者と共有する目的の設定が重要である。目的の設定は固定的なものではなく、目的に応じた活動をダイナミックに捉え、環境にあるものから保育者や仲間との対話を通して発想することが重要となる。また、子どもの関心に応じた一定の目的を共有することで、他者との役割分担、協力や調整といった社会的スキルや対人関係の素地を身につけることが期待される。アメリカの教育学者キルパトリック（W.

Kilpatrick 1871〜1965）は、「プロジェクト・メソッド（project method）」において、子どもの欲求、興味、必要を中心として生活場面を設定し、目的を持ったプロジェクトの計画・展開によって問題解決活動を進め、これによって学習効果を得ることを提案した。キルパトリックの提案は、協同遊びを構成するための共通の目的の設定と、それに向かって活動を作り上げていく方法として肝要である。

ジョンソンら（D. W. Johnson, R. T. Johnson & E. J. Holubec）は、協同学習を構成する要素として、次の5項目を挙げた。

①互恵的な相互依存＝目標、教材、役割などについてお互いの協力を必要とする関係。
②対面的な相互依存＝仲間どうしの援助や励ましによってお互いの成功を促進し合うこと。
③個人としての責任＝自分がやらなくても誰かがやってくれるという状態をなくすための確認。
④社会的スキルや小グループ運営のスキル＝傾聴、自己主張、妥協、対立の解決などをモデリングやフィードバックによって教えること。
⑤集団の改善手続き＝グループでの反省を設けることにより、協同関係の維持や積極的な関わりを引き出すこと。

これらの提案は、単に学習集団をグループに分けて学習させるだけの協同学習ではなく、他者との互恵的な関わりによる他者理解や学習効果の向上を目的とするものである。

協同遊びや協同学習は、リーダーシップ、仲間への支持、提案、それに対する反論・対立などを通して、相手の考えに触れつつ自身の考えを発想し、伝達する経験を培うことができる。そして協同を形成し、共に遊び、学ぶことは、成人教育に求められる問題解決能力、コミュニケーション能力、批判的思考の育成などの萌芽としても期待されるのである。

## 第4節 「生きる力」と教育方法

　「生きる力」とは、1996年第15期中央教育審議会答申「21世紀を展望した我が国の教育のあり方について」において提言され、基礎・基本を徹底し、自ら学び考える資質、主体的に判断し、行動し、よりよく問題を解決する能力と位置づけられている。昨今では「生きる力」の知的側面として「学ぶ意欲」や「思考力・判断力・表現力」などを含めた「確かな学力」が求められている。また2008年改訂の幼稚園教育要領では、「健康」、「人間関係」、「環境」、「言葉」、「表現」の5領域において生涯にわたる人間形成の基礎を培うために、「生きる力」を育てることを目標として掲げている。つまり、小学校教育のみならず幼児教育のねらいとしても、「生きる力」の基礎である心情、意欲、態度の育成が強調されているのである。

　このように「生きる力」は、従来の教育の象徴であった知識か経験かという二元論を乗り越え、幼児教育、小学校教育を問わず、発達の連続性を重視し、「学び」をキーワードとして論じられている。しかし、幼児教育では系統的、知識重視の学習を否定しつつも、生活や遊びの中で「遊びとは何か」、「学びとは何か」を十分に問うことなく「遊びを通して学ぶ」という原理を自明のこととして受容してきた。したがって幼児教育において「学び」を問うことは、「遊び」を問うことと等しく、さらに幼児教育から「生きる力」を問うことにほかならないのである。

　本来、乳幼児時期から就学前時期までの子どもを育てるという営みにおいて、教育的側面が含まれている。ところが、幼児教育において「学び」という言葉を用いると、「幼児期に何をどのように教えるのか」という教育方法の問いと連動し、幼児期の教育の特徴である子どもの自由と相対する「教え込む」ことなどの問題と衝突する。同時に、小学校の

カリキュラムの前倒し、知的早教育、「お受験」などが声高に叫ばれる風潮である。そこで幼児教育では、「学び」を「子どもを育てること」として広く一般的に捉えたうえで「教える─学ぶ」という営みを検討しなければならない。

これらの観点を踏まえると、幼児教育における生活や遊びによって身につく能力を「学び」の視点で捉え、「学び」と発達の連続性を円滑に進め、小学校教育での「学び」との関連性を検討することが必須である。同時に、幼児期における協同遊びと小学校教育における「協同的な学び」は、「協同」をキーワードとして、遊びから「学び」という幼保小連携のアプローチとしても期待されるのである。


【参考文献】

乙訓稔『西洋近代幼児教育思想史──コメニウスからフレーベル』東信堂、2005年.

乙訓稔編著『幼稚園と小学校の教育──初等教育の原理』東信堂、2011年

佐藤学『教育方法学』岩波書店、1996年

D・W・ジョンソン、E・J・ホルベック、R・T・ジョンソン（杉江修治・伊藤康児・石田裕久・伊藤篤訳）『学習の輪──アメリカの協同学習入門』二瓶社、1998年

日本教育方法学会編『現代カリキュラム研究と教育方法学』図書文化社、2008年

平野智美編著『教育方法・技術』八千代出版、1993年

無藤隆・柴崎正行編「新幼稚園教育要領・新保育所保育指針の全て」『別冊発達29』ミネルヴァ書房、2009年

谷田貝公昭・林邦雄・成田國英編『教育基礎論』（教職課程シリーズ1）一藝社、2001年

谷田貝公昭・原裕視編『子ども心理辞典』一藝社、2011年

# 第12章

# さまざまな教育実践

井藤 元

## 第1節　モンテッソーリ法

　本章では、現在、世界的に高く評価されているいくつかの教育実践について見ていく。既成の枠に収まらず、豊かな発想のもとで営まれるこれらの実践は、今後の教育のあり方を考えていくうえで多くの示唆を与えるものである。まず初めに、モンテッソーリ法について見ていくことにしよう。

### 1. モンテッソーリについて

　モンテッソーリ法（Montessori Method）は、医学博士であり、教育学者であり、科学者でもあるマリア・モンテッソーリ（M. Montessori, 1870～1952）によって考案された教育法のことである。医師としてローマの精神病院で働いていた彼女は、知的障害児の感覚に訴えかける教育を行い、彼らの知能を向上させることに成功した。こうした経験を経て、障害児の治療教育を貧困家庭の子どもの教育に応用することを決意した彼女は、1907年、ローマのスラム街に貧困層の子どもを対象とした保育施設「子どもの家」を開設する。そして、人間の発達の法則を科学的に明らかにしようとしたモンテッソーリは、「子どもの家」での実践を通して、独自の理論を構築していく。「子どもの家」で著しい成果を上げたことにより、彼女の教育方法は高く評価され、世界的に普及していくこととなった。モンテッソーリ法は科学的教育法と呼ばれ、そこでは子どもの活動の徹底した観察に基づき、子どもの発達に即した教育を行うことが目指されている。

## 2. モンテッソーリ法の特色

### (1)「敏感期」へのまなざし──「集中現象」を通じた「正常化」

　モンテッソーリは、心身のさまざまな機能の発達にはその発達に適した時期があると考え、その時期を「敏感期（sensible period）」と名づけた。この「敏感期」において子ども自らが成長のための刺激を求め、自発的に活動を行うのだという。子どもは「敏感期」に適切な環境を整えてやることで、長時間集中して作業を行い（「集中現象」）、こうした活動を通して本来的な自分を取り戻し、成長を遂げる。モンテッソーリの用語を用いるならば「正常化」が果たされることとなるのである。そして「敏感期」に子どもたちが成長を遂げるためには、環境を整えることが最も重要となる。モンテッソーリによれば、人には自ら成長する生命力（ホルメ）が生得的に備わっており、子どもは自分の成長に必要な刺激を自ら選び取ることができるのだという。したがって、教師側からの強制的な働きかけは否定され、子どもが「自由」な環境の中で自己発展していくことが第一とされる。モンテッソーリ法では、環境そのものが子どもを教育すると考えられ、環境構成が教育の重要な鍵を握るのである。ここにおいて、子どもの生命力の発展を援助することこそが教師の役目となる。教師が子どもに一方的に働きかけるのではなく、子どもの自己発展を手助けすることが教師の役割なのである。

### (2) 感覚教育──教具への配慮

　モンテッソーリ法において、適切な環境構成のために必要とされるのがモンテッソーリ教具である。モンテッソーリは、幼児期を「感覚期」と捉え、感覚訓練を目的とした教具を考案した。セガンやイタールの教具からヒントを得て考案されたモンテッソーリ教具は200余りにも上る。モンテッソーリ教具には、「視覚訓練教具」、「触覚訓練教具」、「実際生活訓練教具」、「教科教具」などがあり、それらには子どもたちの五感を

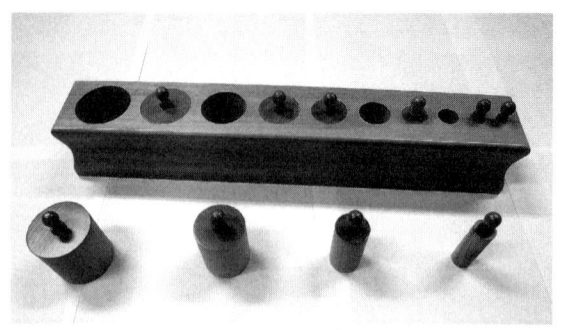

はめこみ円柱

刺激するような仕掛けが施されている。一例を挙げよう。上の写真は「はめ込み円柱」と呼ばれるモンテッソーリ教具である。小さなつまみの付いた円柱が10個、円周の大きさの順に木製のブロックの中に入っている。ブロックにはめ込まれた円柱を子どもたちが取り出し、それをバラバラに置く。そして再びそれぞれを同じ大きさの穴に入れて元に戻す。大きさを間違えれば、ぴったりと穴に収まらない。子どもたちは教師に教えられるのではなく、自分で誤りに気づく中で、正しい答えを導き出していくのである。こうした教具の扱いに際し、教師は教具の有している目的や内容を熟知し、子どもが適切な時期にこれを使用できるようにしなければならない。

## 第2節 シュタイナー教育

### 1. 世界に広がるシュタイナー学校

　モンテッソーリ法と並んで、幼児教育界において広く受容されているのがシュタイナー教育である。モンテッソーリ教育とシュタイナー教育はしばしば、オルタナティブ教育（伝統的な教育とは異なる方法を採用し

た代替教育）とみなされる。シュタイナー教育は、思想家であり教育者でもあるルドルフ・シュタイナー（R. Steiner, 1861～1925）が生み出した独自の教育実践である。近年、シュタイナー学校は世界規模で急増しており、その数は1000校を数え、ヨーロッパを中心として中近東、アジア、アフリカ、中南米、オーストラリアなど全世界に設立されている。シュタイナー学校では、幼児教育段階から初等・中等教育段階に至るまで独自の思想（人智学：Anthroposophie）を背景に据えた実践が行われている。

## 2. シュタイナー教育のカリキュラム

### (1) エポック授業

　シュタイナー学校で採用されているカリキュラムは極めて特徴的である。採用されているのは、エポック授業というシステムである。エポック授業とは、午前中の2時間、同じ科目を3～6週間学ぶという方法である（ただし、体育、音楽、外国語などに関してはエポック形式を採らず、毎日学習する）。エポック授業が行われる際、教師は教科書を用いない。教科書は日々の授業の中で子どもたち自らが作っていく。授業で使用されるノート（エポックノートと呼ばれる）に授業内容を書き（描き）記す形で、日々の学習は積み上げられていくのである。

### (2) 8年間一貫担任制

　エポック授業と並んで特徴的なのが、8年間一貫担任制である。シュタイナー学校では、小学校の1年生から8年生まで、同じ1人の先生が同じクラスの子どもたちを担当する。このシステムにより、8年という長い時間をかけることによって、子ども一人ひとりの個性に見合った働きかけが可能になる。また、長期間にわたって担任することで、子どもたちの家庭とのつながりも緊密になる。こうしたカリキュラムは、シュタイナーの発達理論に基づいて築き上げられたものである。

シュタイナーによれば、人は7年ごとに節目を迎えるのだという。0〜7歳が第1・7年期、7〜14歳が第2・7年期、14〜21歳が第3・7年期とされ、その発達段階に応じた教育的働きかけが求められる。そのうち初等教育段階に相当する第2・7年期は、シュタイナーの発達理論に基づくならば、信頼できる大人（教師）に従うことが求められる。このため、一貫担任制を採用することで1人の大人に継続して導かれるようなカリキュラムとなっているのである。そしてこの信頼体験を経て、人間は真に「自由」な人間へと至りうると考えられている。「自由への教育」を標榜しているとおり、シュタイナー教育は決して子どもに自分かってを許すものではない。自由な教育ではなく、自由を目指す教育なのである。将来的に「自由」を獲得するために、その前段階として「魅力ある権威（＝教師）」に導かれることが必要だと考えられているのである。

## 3. 芸術的であること

　そうしたカリキュラムが遂行される際、そのあらゆる場面で鍵を握るのが「芸術」というキーワードである。シュタイナー教育では、教育が芸術に満たされている（例えば校舎はゲーテの色彩論に基づき、学年ごとに教室の色が異なっている）。決して芸術を教えているのではない。算数、

逆向きの足し算

社会、理科、国語、あらゆる教科が芸術性に満ちているのである。

　算数の授業で行われている「逆向きの足し算」を例にとろう（左下の写真）。私たちが算数において問われる典型的な問題は、「8+4＝？」あるいは「12－4＝？」といった単一の解答を求める形式であろう。シュタイナー教育では、この問いの形式が逆転する。「12＝？」となるのである。結果、答えは無数となる。「6+6」も「14－2」も正解。多様性こそ重視されるのであり、単一の正答を導き出すことは求めていない。こうした問い方を重んじ、子どもたちの個性を育むことを目指しているがゆえに、その必然的帰結としてシュタイナー学校には「テスト」がない。

### 4．シュタイナーの幼児教育

　シュタイナーの幼児教育では、「模倣」が最も重要なキーワードとなる。シュタイナーの発達論に基づけば、第1・7年期では、「模倣」を通して教育が営まれる必要がある。そしてこの時期には、身体組織を形成することも重要とされる。このためシュタイナー教育では「オイリュトミー」と呼ばれる独自の運動芸術などを通じて、子どもたちは運動する喜びを感じながら身体をつくりあげてゆく。また、シュタイナーの幼児教育においても、一般的な幼児教育の場合と同様「遊び」が重視されており、教師は子どもたちが想像力を用いて遊ぶことのできる数多くの自然素材を与え、これを用いて遊ぶことを促している。

## 第3節　自然教育

### 1．森の幼稚園

　本節では、近年その教育的効果が実証されつつある「自然教育」を取

り入れた環境教育の実践を紹介する。「自然教育」において代表的な実践が、1954年にデンマークでエラ・フラタウ夫人によって創設された「森の幼稚園」である。今日デンマークには、「森の幼稚園」が70以上存在しているが、この幼稚園はデンマークからドイツに伝わり、90年代以降急激に増加し、ドイツにおいてもおよそ400の「森の幼稚園」が存在している。また、現在わが国においてもこの実践は広まりつつある。

　「森の幼稚園」とは、ある特定の園を指すのではなく、一年を通じて森に集まり、自然の中で教育を行う幼稚園全体を指すものである。「森の幼稚園」は、子どもたちが自然の中で活動し、四季の移り変わりをじかに体験し、自然への畏敬の念を育んでゆく野外型保育の実践である。自然の中には、一つとして同じものはない。日々刻々と移り変わってゆく自然をフィールドとし、子どもたちは森の中での遊びを通じてさまざまな発見をする中で、豊かな感性、想像力を育んでいく。こうした自然教育の実践は、優れた環境教育の事例と考えられる。

　このような「森の幼稚園」には2種類あり、園舎を持たずに森の中だけで活動している園（純粋の「森の幼稚園」）と、園舎を持ちつつ森での教育を行う園（融合的な「森の幼稚園」）がある。次に、より具体的な事例として「森の幼稚園」の一形態と考えられる「森のムッレ教室」について見ていくことにする。

## 2. 森のムッレ教室

　「森のムッレ教室」は、森の中で遊びながら、自然に対する思いやりの心（エコロジーの精神）を子どものうちに育んでゆく実践である。森のムッレ教室は、1957年、スウェーデンの市民団体である「野外生活推進協会」の活動の一つとして生まれ、保育園教育に導入される形でスウェーデン全土に広がった（右図参照）。「ムッレ（Mulle）」とは架空の妖精の名である。スウェーデン語で「土壌」を意味する「Mullen（ムッレン）」に由来しており、この名には土があらゆる生命の根源であると

いう思いがこめられている。そして、妖精ムッレが子どもたちに植物や動物の言葉を伝えることで、子どもたちは遊びやファンタジーを通じて自然との共生の重要性について学ぶことができるのである。

　子どもたちを野外に連れ出して野外活動を進めるのが「リーダー」である。実際にはこのリーダーが妖精ムッレに仮装し、子どもたちを自然

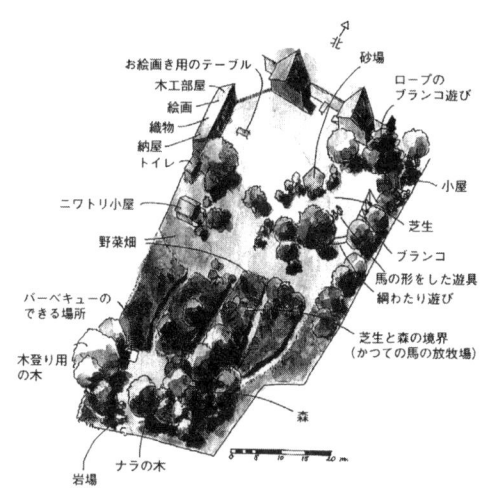

「森のムッレ教室」の配置図

「ムッレ」を中心とする野外活動

体験へといざなう。子どもたちはリーダー＝ムッレに導かれ、五感を通じて自然の大切さを学んでいくこととなる。スウェーデンの調査では、ムッレの自然教育を導入した野外保育園の子どもたちは、通常の保育園の子どもと比べて身体能力が優れ、集中力も高く、さまざまな面で勝っていることが報告されている。

## 第4節　レッジョ・エミーリア

### 1．レッジョ・エミーリアの実践とは

　レッジョ・エミーリアとは、イタリア北部の都市の名前である。この小都市で行われている実践が、近年世界的に注目され、その芸術性に満ちあふれた実践はブルーナー（J. S. Bruner, 1915〜）やハワード・ガードナー（H. Gardner, 1943〜）といった著名な学者によって評価されている（アメリカの『ニューズウィーク』誌は「世界のベストスクール10校」の幼児教育部門で、レッジョ・エミーリア市にあるディアーナ・スクールを選出した）。その基本理念は、レッジョ・エミーリア市の教育主事として教育改革を指導したローリス・マラグッツィの詩のうちに端的に表れている。子どもたちは100の言葉を持ってるのに、そのうち99を学校文化が奪い取っている、と訴える彼の詩には、仕事と遊び、現実とファンタジー、科学と想像を区別する見方への不満が示されている。

### 2．レッジョ・エミーリアのカリキュラム

　レッジョ・エミーリアの実践において採用されているカリキュラムは、あらかじめ教師によって決められた課程を遂行するプログラム型カリキュラムではなく、数週間から数カ月にわたって一つの主題に取り組む

「プロジェクト」と呼ばれる長期的活動を中心としたカリキュラムである。日々の活動は教師たちによって記録され、「ドキュメンテーション」と呼ばれる資料となる。レッジョ・エミーリアの教師の仕事は、「3つのD（デザイン、ドキュメンテーション、ディスコース）」に集約されるが、こうしたプロジェクト型の保育は、地域や家庭との連携の上に成り立っている。プロジェクトを記録し、それを基に市民のコミュニティネットワークを作っていくというサイクルによって、レッジョ・エミーリアの実践は駆動しているのである。

## 3.「ペダゴジスタ」と「アトリエリスタ」

　レッジョ・エミーリアの幼児教育においては、各学校に1人、「アトリエリスタ（芸術家）」と呼ばれる芸術の専門家がおり、また、数校に1人「ペダゴジスタ（教育学者）」と呼ばれる教育学の専門家が配置されている。前者は大学で芸術を専攻した教師であり、後者は大学で教育学を専攻した教師である。そうしたアトリエリスタとペダゴジスタの存在により、レッジョ・エミーリアでは高度に専門的な実践を行うことが可能となっている。

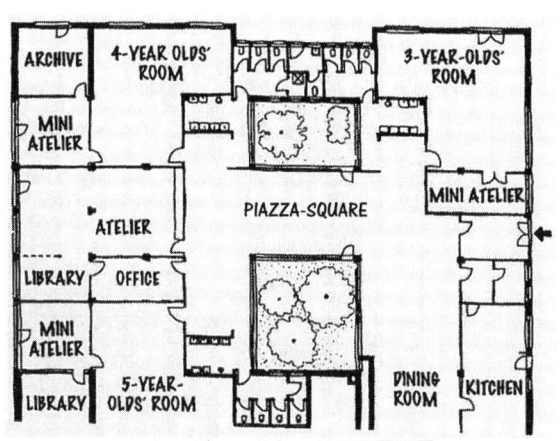

レッジョ・エミーリアの平面図

## 4. レッジョ・エミーリアの学校空間

　レッジョ・エミーリアの学校空間もまた極めて特徴的である。空間を「第三の教育者」とみなすレッジョ・エミーリアの実践においては、どの園にも、「アトリエ」と呼ばれる工房やスタジオがあり、各教室内にはミニアトリエも設置されている（前ページの図参照）。注目すべきは、学校空間の中心に「広場（ピアッツァ）」と呼ばれるオープンスペースが設けられており、教室やアトリエがこの広場に面しているという点である。街において「広場」は人々の出会いの場であるが、レッジョ・エミーリアの学校空間においても「広場」は子どもたちの交流の場と位置づけられている。こうした学校空間が子どもたちに芸術活動の場を与え、その活動を極めて豊かなものにしている。


【参考文献】

　　秋田喜代美「レッジョ・エミリアの教育学——幼児の100の言葉を育む」佐藤学・今井康雄編『子どもたちの想像力を育む——アート教育の思想と実践』東京大学出版会、2003年、pp.73-92

　　市丸成人『改訂モンテッソーリ教育学入門』学習研究社、1986年

　　C・エドワーズ、L・ガンディーニ、G・フォアマン編（佐藤学ほか訳）『子どもたちの100の言葉——レッジョ・エミリアの幼児教育』世織書房、2001年

　　岡部翠編『幼児のための環境教育——スウェーデンからの贈りもの「森のムッレ教室」』新評論、2007年

　　子安美知子・西平直・上松佑二『子どものいのちを育むシュタイナー教育入門』学習研究社、2000年

　　西平直『シュタイナー入門』講談社、1999年

　　P・ヘフナー（佐藤竺訳）『ドイツの自然・森の幼稚園——就学前教育における正規の幼稚園の代替物』公人社、2009年

# 第13章

# 地域に支えられた教育のあり方

和田　信行

# 第1節　家庭を取り巻く状況

## 1. 家庭の変化

### (1) 世帯人数の変化

　日本の家族形態の変化は、戦後の法律の改正（民法）によるものが大きい。戦前は大家族が多かったが、最近では、一世帯当たりの人数が年々少なくなっている。**図表1**から分かるように、今後もさらに少なくなっていくことが予測されている。このことは何を意味しているのであろうか。

　第1には、核家族化の進行が挙げられる。結婚して祖父母と同居する割合が少なくなり、夫婦と子どもの独立した世帯となるケースの増加である。核家族が進行していくと、祖父母世帯も夫婦だけの世帯となる。

　第2は、少子化である。第二次ベビーブームの頃の1975年前後は、1年間に生まれてくる子どもの人数はおよそ200万人程度であった。しかし、その後、徐々に少なくなり、最近では110万人程度になっている。1人の女性（15歳から49歳）が一生の間に産む子どもの人数に相当する人数を表す「合計特殊出生率」も2005年には1.26人になっている（**図表2**）。つまり、夫婦2人で1.26人では、日本の人口はどんどん減少していくことになる。

　第3には、一人親家庭の増加である。親の離婚率の上昇は、母子家庭や父子家庭の増加につながっている。夫婦の問題は、子どもにとってはどうすることもできない。このことが子どもの成長にとって大きな出来事であることは間違いないことである。

　さらに、結婚せず、一人暮らしをしている男性や女性が増えていることも世帯人数低下の要因になっている。

### 図表1　平均世帯人数の推移

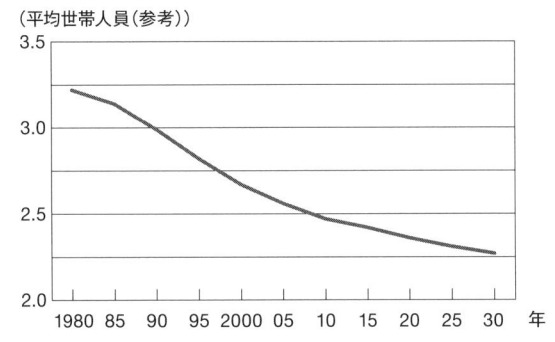

（平均世帯人員（参考））

出典：国立社会保障・人口問題研究所「日本の世帯数の将来推計（全国推計）の概要」
(http://www.ipss.go.jp/pp-ajsetai/j/HPRJ2008/yoshi.html) （2008年3月推計）を基に作成

### 図表2　出生数及び合計特殊出生率の変化

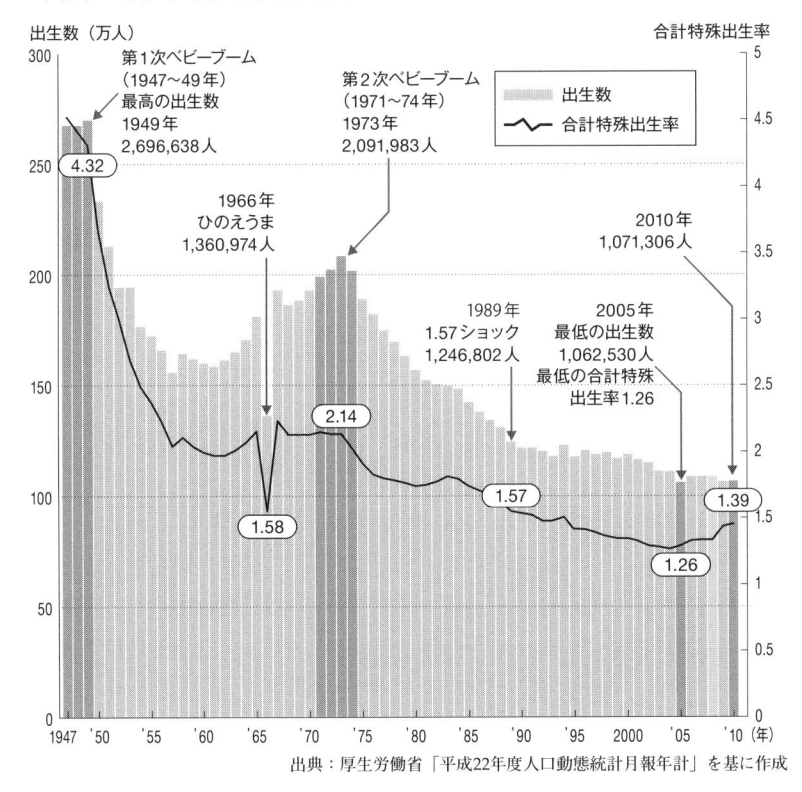

出生数（万人）／合計特殊出生率

第1次ベビーブーム（1947～49年）最高の出生数　1949年　2,696,638人　4.32

1966年　ひのえうま　1,360,974人　1.58

第2次ベビーブーム（1971～74年）1973年　2,091,983人　2.14

1989年　1.57ショック　1,246,802人　1.57

2005年　最低の出生数　1,062,530人　最低の合計特殊出生率1.26

2010年　1,071,306人　1.39

出典：厚生労働省「平成22年度人口動態統計月報年計」を基に作成

第13章 ●地域に支えられた教育のあり方

**図表3　女性の年齢別労働力率**

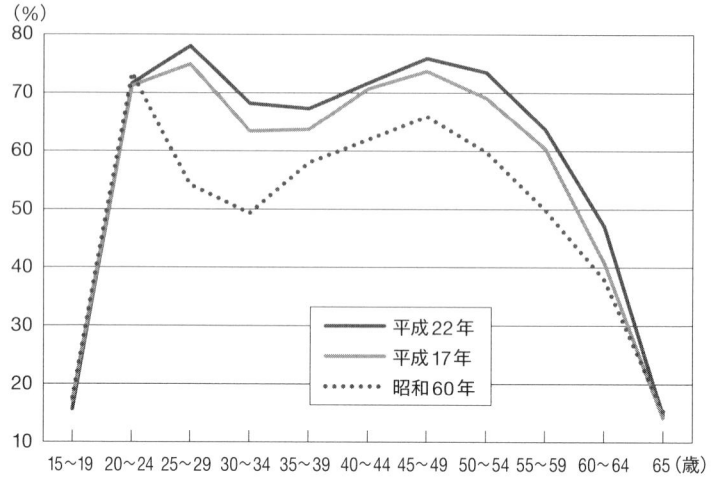

出典：総務省統計局「平成22年 国勢調査抽出速報集計結果要約」（2011年6月29日）を基に作成
(http://www.stat.go.jp/data/kokusei/2010/sokuhou/pdf/youyaku.pdf)

　このように、世帯人数や出生数の推移をグラフから読み取っていくと、今後の日本の子どもたちを取り巻く状況について、さまざまな面から考えていくことができる。

### (2) 親の就労

　日本の母親の就労の状況を見てみると、その変化の特徴が見えてくる。結婚するまでの独身女性の就労の割合は、年々高くなっている。学歴も高くなり、就職する年齢も20代が増えている。その後、結婚や出産を機会に離職する女性も出てくるが、出産後も勤務に復帰している女性が増えていることを読み取ることができる。その後も、定年まで働き続ける女性が増えており、図表3のように、M字カーブを示している。

## 2．家庭の役割

　子どもの成長や発達における家庭の果たす役割は大きい。人間は環境によって、その成長や発達が左右される。子どもが安全・健康に成長で

きるようにするための保育機能、そして生活習慣や言葉、情操の発達のような教育機能について考えてみる。

### (1) 保育機能

人間の子どもは、誕生後も1年以上は歩行することさえもできない。授乳をし、おむつを取り替え、入浴や着替えをさせ、大事に育てるのが親の役割である。親として、愛情をこめて子どもの世話をすることは、子どもの成長や発達にとってたいへん意味のあることである。何も分からない乳児の時代に親の深い愛情によって育てられた子どもは、人に対する信頼感を持つようになる。反対に、おなかをすかせて泣きやまない子に食事を与えなかったり、汚れたおしめをいつまでも取り替えずに不衛生な状態で育てたりすると、病気になるだけでなく、精神的にも、人間に対する不信感が植え付けられてしまう。

保育機能として大切なことは、子どもの安全や健康に十分神経を働かせ、健やかに成長・発達させていくという親としての責任を果たすことである。

### (2) 教育機能

家庭にも教育機能がある。教育というと学校のイメージが先行するが、子どもにとって最初の教育の場は家庭なのである。親は、子どもにとっては先生とも言える。子どもの良いモデルとならなければならないのである。

乳幼児における、家庭の教育機能にはどのようなことがあるだろうか。

子どもの成長や発達を考えてみると、多くのことを家庭で学習してきたことに気づく。言葉の発達を考えてみよう。オオカミに育てられた子どもは、人間の言葉を話すことはできない。家庭の中での言葉かけ、会話といった言語環境が子どもの言葉の獲得につながっているのである。

また、挨拶や片づけ、早寝早起きの生活習慣、箸の持ち方や食事のマ

ナーなども家庭教育の機能と言える。「しつけ（躾）」という言葉に代表されるように、身の美しい振る舞い方・しぐさは、幼児期からの家庭での習慣によるものが大きい。「三つ子の魂百まで」と言われるように、小さいときに身につけたことは一生忘れないし、身につけそこなったことを後から獲得することはたいへん難しいこととなる。

### 3. 生活習慣を身につけさせる方法

子どもに良い生活習慣を身につけさせるにはどうしたらよいのであろうか。保護者にとっても教師にとっても悩ましい課題である。以下のように、生活習慣を4段階で身につけさせていくとよい。

①感化の教育

まずは、親や教師が手本となることである。また、子どもを取り巻く環境を整えることである。周囲が生活リズムを守って気持ちよく生活をしている状況を自然に見せて育てていくことが望ましい。

②方法の指導

次に、方法の指導である。やり方が分からない子も多い。部屋のカーテンや照明をどうしたらいいのか、目覚まし時計をどうセットしたらよいのか、着替えの服はどこに収納してあるのか、パジャマはどうたたむのか、何時に起きて準備にどのくらい時間がかかるのか等々、子どもの発達段階に合わせ、自分でできるように方法を指導する必要がある。

③習慣化の指導

生活リズムは、毎日規則正しく行えなければ意味がない。習慣になるまで丁寧に指導してかなくてはならない。このとき注意しなければならないのは、ほかの子と比べないことである。「ほかの子はできているのよ」「お兄ちゃんは、あんたの年にはできていたのよ」等の言葉は、子どもの意欲を削いでしまう。

④気持ち良さまで

生活リズムが整った生活をしていると、一日を気持ちよく送ることが

できる。生活へのゆとりも生まれ、意欲的に行動できるようになる。「早くしなさい」といつも注意されてばかりの子が、自分から早寝早起きをして一日の生活リズムを整えることができるようになれば、多くの問題が解消されるのである。

　生活習慣一つをとっても、親の姿勢が大切であることは言うまでもない。家庭は、一般的には父親と母親がいる。以前は、父親の役割と母親の役割があった。男性は外で仕事、女性は家事や育児という夫婦役割分業制であった。しかし、現在は大きな変化が起こっている。男女の共同による家事分業制である。女性の社会進出、働く女性の増加は、家庭内の男女の協力体制を作り出している。「イクメン」と呼ばれるような、一生懸命育児に関わり、楽しもうとする若いお父さんが増えてきている。

　家庭の変化が、家庭内の父親や母親の役割を大きく変えてきている。今後、日本の家庭はどのように変化し、発展していくのだろうか。どのように変化しても変わらないのは、親の子を思う愛情が大切であり美しいことである、ということではないだろうか。

## 第2節　地域を取り巻く状況

### 1．地域の変化

　「子どもは地域の宝」とか「子どもは神様からの授かりもの」と言われるように、昔から子どもは親からも地域の者からも大切にされてきた。地域の者も一体となって子育てに参加していた。

　その地域が崩壊し始めている。「無縁社会」と言う言葉を知っているだろうか。縁とは人と人との関わりである。無縁とは、関わり合いが無くなってしまうことを意味している。

**図表4　人間を取り巻く縁**

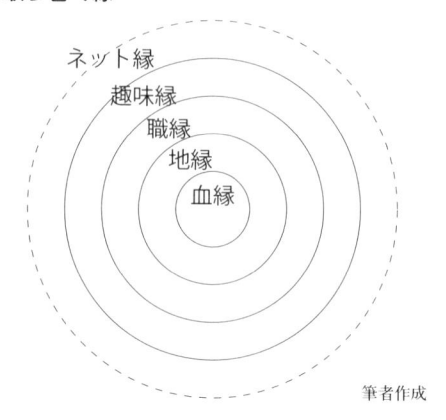

ネット縁
趣味縁
職縁
地縁
血縁

筆者作成

　人間は、さまざまな縁でつながっている（**図表4**）。血縁とは、親子・兄弟・親戚等のつながりである。地縁とは、隣組・町内会・子供会・お祭り・地域清掃などのつながりである。職縁とは、会社（学校）等職場でのつながりである。これらの縁は、そう簡単に切ることができない。お互いに譲り合ったり思いやったりの相互互助の気持ちがなければ、良い人間関係は形成されない。

　現代社会は、これらの縁が希薄化してきている。かつての農村社会では、農業を進めていくうえで村落共同体としての人間関係がたいへん重要視されていた。かってな行動をすれば村八分にされてしまった。ちなみに、村八分とは、二分（火事と葬式）には関わるが、残りの八分（出産・成人・結婚・病気・法事・新築・水害・旅行）には関わらないことを言う。

　現代社会、都市と地方での違いはあるが、多くの人が村八分状態である。また、関わりを持とうとしていないのである。それは、第4の領域とも言われる趣味縁が発達していることにもよる。この趣味縁は、高校や大学の友達や同窓生のつながりであったり、テニスやダンス等の趣味のサークルのつながりを意味する。趣味縁は、人間関係がうまくいかなければ参加しなければよいのである。

このように地域社会が変化していることは、子どもにも影響を及ぼしている。「挨拶運動推進」「隣の子も叱ろう」「子ども110番」などの活動は、地域の人と人との関わり合いの低下による子どもへの影響を少しでも排除していこうとする活動の一環でもある。

　今後は、第5領域「ネット縁」の時代になってくると思われる。ネット縁では、人と人が直接会わなくてもよいのである。関わりがますます希薄化していくのではないだろうか。

## 2．地域の役割——子どもを育成する組織・団体

　教育は広く、学校教育、家庭教育、社会教育という3つの分野で考えることができる。地域の教育は、社会教育の一部分でもある。地域の教育力の低下が言われるが、地域の教育力とはどのような教育力なのであろうか。

①PTA活動

　PTA活動は、学校教育の分野ではなく、社会教育の分野に位置づけられている。子どもたちの健全な育成のための父母の組織である。幼稚園、小学校、中学校、高等学校のPTA組織がある。全幼P（全国国公立幼稚園PTA連絡協議会）という全国組織もある。

②町内会活動

　地域には自治会組織があり、さまざまな活動をしている。回覧板による広報活動、防犯活動、地域清掃活動、廃品回収活動、防災活動、交通安全活動、お祭りや運動会行事など、地域の人たちの安全や安心、福祉や健康に関わる活動をしている。

③子ども会活動

　幼児、小学生、中学生を対象にして子どもたちの健全育成に取り組んでいる。

④青少年健全育成活動

　青少年の奉仕活動、自主的な体験学習や社会参加活動等を促進し健全

育成に努めている。具体的には、青少年の奉仕活動・体験活動の推進、ジュニア・シニアリーダーの育成などである。

⑤放課後子ども広場

放課後や週末等の子どもたちの適切な遊びや生活の場を確保したり、小学校の余裕教室などを活用したりして、地域の人々が関わりながら、学習やスポーツ・文化活動、地域住民との交流活動などの取り組みを実施している。

⑥子ども110番

子どもたちの登下校時に、不審者に追いかけられたり事故に遭ったりした場合に、緊急に駆け込める家や商店に子ども110番の家を依頼している。

このように、さまざまな人たちに守られ、子どもたちが毎日安心して安全に生活できるようにしている。これも、地域の教育力である。

# 第3節　社会の役割

## 1. 国の子育て支援施策

子どもを産み育てたくても、育てられない状況がある。女性も働くことに喜びを持ち、生きがいとしている時代である。男性も協力し、夫婦で共に子育てをしていかなくてはならない。それだけでなく、社会全体が子育てを支援していくしくみを作っていかないと、少子化の進行は止まらないであろう。社会全体で子育てをしていくことが、いま求められている。

政府も、そのための施策をこれまでに実施してきているが、その主なものを次に紹介する。

①エンゼルプラン

1994年に文部、厚生、労働、建設の4大臣合意により策定された。子育てを夫婦や家庭だけの問題ととらえるのではなく、国や地方公共団体をはじめ、企業・職場や地域社会も含めた社会全体で子育てを支援していくことをねらいとし、10年間に取り組むべき基本的方向と重点施策を定めた計画であった。

- 保育所の量的拡大や低年齢児（0～2歳児）保育や延長保育等の多様な保育サービスの充実。
- 地域子育て支援センターの整備など。

②新エンゼルプラン

1999年に大蔵、文部、厚生、労働、建設、自治の6大臣合意により策定された。従来のエンゼルプランの見直しとともに、次の内容も加えられた。

- 仕事と子育ての両立の負担感や子育ての負担感を緩和・除去。
- 安心して子育てができるようなさまざまな環境整備。
- 雇用、母子保健・相談、教育等の事業。

③少子化対策プラスワン

2002年、厚生労働省により策定された。

- 男性を含めた働き方の見直し。
- 地域を含めた次世代支援。

④少子化対策基本法（2003年制定）

- 子どもが健康に育ち、子どもを産み育てる喜びを実感できる社会へ。

⑤育児休業・介護休業等に関する法改正（2009年）

- 父親も育児参加へ。

## 2. さまざまな子育て支援策

子育てを地域で支援していこうとするさまざまな事業が展開されている。

①子育て支援センター

地域全体で子育てを支援する基盤の形成、子育て家庭の支援活動の企画・調整・実施、子育て家庭等に対する育児不安等についての相談指導、子育てサークル等への支援など。

②ファミリーサポートセンター

乳幼児や小学生等の児童を有する子育て中の労働者や主婦等を会員として、児童の預かり等の援助を受けることを希望する者と当該援助を行うことを希望する者との相互援助活動に関する連絡・調整を行うものである。

③一時保育

保護者等のパート就労や疾病、入院等により一時的に家庭での保育が困難となる場合や、保護者の育児不安の解消を図り、負担を軽減するために児童を預かる制度。

以上のほか、保育所が中心となって、延長保育、休日保育、夜間保育等、働く親、子育ての支援が必要な親へのさまざまな取り組みが展開されている。

地域に支えられた教育や保育について学んできた。地域の子どもたちを、地域全体で教育・保育していこうとするこの動きが、日本の将来を明るくできるよう期待したい。


【参考文献】

厚生労働省編『厚生労働白書〈平成22年版〉』日経印刷、2011年

国立社会保障・人口問題研究所『人口統計資料集2011』2011年

和田信行編著『保小の連携実践事例集』日本保育協会、2010年

和田信行「けじめある生活リズム」『児童心理』2011年10月号、金子書店、2011年

# 第14章

# 生涯学習と生涯教育

松木　久子

## 第1節　生涯教育から生涯学習へ

　我々日本人は教育や学習という言葉を聞くと、どうも堅苦しく強制的なイメージで捉えてしまう傾向にある。本章のタイトルのように、そのようなイメージを持つ教育や学習が生涯にわたって続くとなると、頭痛がしてくるどころか逃げ出したくなりそうである。それは、我々日本人が教育や学習を、学校などとの関連で捉えてしまうからであろう。学校化社会といわれる現代においては、人間の成長・発達といった概念も学校と結びつけて考える傾向にあり、20歳前後で人間の成長・発達がまるで止まってしまうかのような錯覚にとらわれている。

　人間は本来、学び続ける存在であり、学ぶことを通じて才能を伸ばし、新しい可能性を発見する。学び続ける中で生きる価値と喜びを見いだし、生きがいを得るのだと言える。人間の持つ可能性は計り知れず、教育や学習は、本当は人間が人間らしく成長・発達するうえで欠かせない喜びに満ちた営みである。

　今日、人類が初めて経験しつつある高齢化社会の到来により、人間の可能性追求の手段が学校教育を超えて考えられる必要性が生じている。また、より複雑化していく現代社会の中で、自ら学び考え、主体的に判断し、よりよく問題を解決する能力、すなわち「生きる力の育成」が重要視されている。

　以下ではまず、自ら積極的に学んでいく「自学自習」という考え方を先取りした生涯教育という考え方から、現在の生涯学習への流れについて述べ、超高齢化社会に伴う社会の変化について考える。

### 1. 生涯教育から生涯学習への変化

　「生涯教育」という概念は、1965年12月、パリのユネスコ本部で開催

された「成人教育推進国際委員会」において、会議の議長を務めたユネスコの成人教育局成人教育課長、ラングラン（P. Lengrand, 1910〜2003）が提出したワーキング・ペーパーがきっかけになって普及した。「エデュカシオン・ペルマナント」という語をラングランは用い、英語では"permanent education"と表現された。彼の演説は日本にもすぐに紹介され、当時は「恒久教育」などと訳された。

　50年前の当時はまだ世界的に、教育とは未成熟の年齢時に受けるものであるという考え方が定着していたため、英訳された言葉はまさに、生涯学校へ通い続け、強制的に詰め込み教育を受けるということを意味することになってしまった。日本では、学校卒業後の職業教育や大学拡張運動を意味するものと理解され、「学校を出てまで教育されたくない」という考えが広く浸透している時代であった。

　このような誤解は、ラングランが「教育」という概念を多用し、「学習」は主要概念としては用いなかったことから生じたと言える。彼は、「人間は生まれてから死ぬまでの人生の各段階において、それぞれにふさわしい学習の機会が継続的に確保されるように統合されること、学習の機会が学校だけでなく家庭・職場・地域社会など生活のあらゆる場で確保されることが大切である」と述べている。さらに、「自己教育」や「自己充実」という概念を用いながら、個人（学習者）の側の能動性が尊重される、と彼は主張する。

　ラングランの考え方をきっかけに、生涯にわたる学習のあり方についての研究が世界各国で推進されていくが、「生涯教育」という概念の曖昧さが指摘され、殊に能動的「学習」の強調という考え方がより明確に示される必要から、「生涯学習」の概念を用いようとする動きが出てきた。このような動きの中で、英語ではラングランが用いたフランス語をそのまま直訳せずに、"lifelong education"そして"lifelong learning"と表現されることとなり、それぞれ「生涯教育」「生涯学習」という日本語に訳された。現在では、1960年代後半に出現した新しい語である

「生涯学習」が主流を占めるようになっている。

　日本においては、当初は行政主導で「生涯教育」が推進され、まさに教育を与える人の立場から「生涯教育」が捉えられていたが、昨今では、ラングランが唱えていた学習者の能動性が尊重される、学習する側の立場に中心的な視点が据えられたさまざまな「生涯学習」のあり方が、各地方自治体やNPO等の団体が推進する学びの中で変化・発展を遂げている。このような学びに対する変化の影響から、学校教育における学びにもようやく変化の兆しが見られるようになった。学ぶ側の主体的な学習が奨励されるよう、各学校が創意工夫を生かした「特色ある教育、学校づくり」が推進されるようになり、「総合的な学習の時間」などが設けられている。

　21世紀になり、ようやく日本においても、1968年にハッチンス（R. M. Hutchins, 1899～1977）が提唱した学習社会（learning society）へ向けての意識が高まりつつあると言える。学習者の能動性を尊重した学びのあり方が提唱されて以来約半世紀がたち、日本でも社会の変化に伴い、学校以外での学びが可能となってはいるが、まだまだ不十分であることも事実である。

## 2．超高齢化社会の到来と社会の変化

　現代社会は科学や医学の進歩により平均寿命が延び、人々は仕事を退いた後、あるいは子育てを終えてからも長い人生を送ることになる。日本人の平均寿命は、第二次世界大戦後の50歳代半ばから、女性は80歳を超え世界第1位になり、男性も70歳代半ばで上位に位置している。戦後60数年の間に日本では、男女とも人間がこの世に生まれてから死ぬまでの生涯における年数が、20～30年以上延びたことになる。義務教育が小学校6年・中学校3年の計9年間になってからの世代が、70歳を優に超え高齢期にさしかかっている。今日、日本の社会は、これまで経験したことのない超高齢社会に突入しつつあると言っても過言ではない。

1960年代の後半に、新しい語として「生涯学習」という言葉が出現したのと同様に、当時の社会を表すいろいろな用語が出現した。それは、狩猟社会、農業社会の後に来た今までの「工業化社会」の次に来る社会という意味で言われた、「脱工業化社会」や「情報化社会」あるいは「情報社会」というものであった。工業化社会において、流通の主体となっていたものは「物財」であったが、脱工業化社会そして情報化社会においては、「知識や情報」が流通の主力となり始めている。このような絶えず変動する社会の変化に対応するためにも、ただ単に学校教育で得られた知識だけでは十分なものとは考えられず、社会人として働きながらも新たな資格を取る必要性などが生じているのが現代の特徴と言えよう。「学ぶ」ことが重要視されるのは、学校教育を受けている世代に限られたことではない社会の到来でもある。

　第二次世界大戦後の一面の焼け野原で、食べ物も、家も、着る物もなく、資源もない状況から、日本経済は世界から"Japan as No.1"と言われるまでに成長を遂げた一時期もあった。このような状況を可能にしたのは、国民全体の基本的知的能力、学習能力の高さにあったと言える。義務教育6年間という世代も、日本では就学率がほぼ100%であったという調査もあり、日本国民の識字率の高さは世界でもまれなほどである。義務教育以後においても、我々日本人は学校教育によってであれ、社会教育によってであれ、あるいは社会に存在する学習資源によらない学習であれ、学習し続けている。こうしたことが、変動する時代・社会における人々の適応を可能にし、またその変動を創り出してきた力の源泉ともなっていることも事実である。現在は、このような状況をさらに充実していくべき時代と言える。

## 第2節　生涯学習の基礎としての幼児教育

### 1. 生涯学習の中の幼児期

　人間の発達（development）というと、子どもから大人や高齢者に向かって変化し続けることを思い浮かべる。人間の誕生直後から成人に至るまでの生物学的成長過程に見られる量的・連続的な右肩上がりの変化を思い浮かべやすい。確かに、変化を形容する語として発達という語が用いられるが、発達という語のもともとの意味は、個体の内に隠されていたもの、すなわち人間の可能性や個体の本質のようなものが、時間的経過とともに徐々に立ち現れてくるプロセス（process）ということである。つまり、人間としてよりよく生きていくための諸能力の獲得や、自我形成からすれば、行動や認知や精神構造の質的な不連続な変化を中心に、たとえ身体的能力が衰えようとも、一生続いていく過程として検討していく必要性があるものである。現在では、死ぬことも発達の一環として考える傾向もある。

　人間の発達過程においては、特定の発達時期に対応して、特徴的な構造的・質的変化が現れると考えられている。つまり人生にはいくつかの節目があり、その節目によって分けられた時期ごとに、成し遂げるべき発達があると考えられ、発達過程を、発達段階とそれに対応した発達課題としてとらえる理論である。その代表的な研究者としては、ピアジェ（J. Piaget, 1896～1908）やフロイト（S. Freud, 1856～1939）、ユング（C. Jung, 1875～1961）やエリクソン（E. H. Erikson, 1902～1994）、ハヴィガースト（R. J. Havighurst, 1900～1991）らがいる。

　さて、幼児期の年齢区分については、国によって教育制度の違いがあり、学童期にいつから入るかということや、社会や文化によりしつけな

どの養育方法の違いもあるため、一概に言えないが、おおよそ2～6歳くらいの子どもを指すと考えられよう。幼児期は、何事においても始まりであり、その後の人生に必要とされることも、ほとんどこの時期に基礎的なことが決まるとよく言われる。生涯学習という視点からも、この幼児期における殊に原体験を通しての自己肯定感の確立や、「心の教育」の充実の重要性が容易に想像できよう。

　生涯学習体系を、樹木にたとえて分かりやすく理解しようとする考え方がある。最も基本的な機能として、原体験学習と系統学習と応用学習の3層から成り立ち、それぞれ幼児教育と学校教育とそれ以上の教育の内容となる。幼児教育は根の部分、学校教育は幹、それ以上は枝・葉・花・実に該当する。根の部分に当たる幼児教育における生活や遊びを通した学びは、その後の長い人生における学びの基礎となる部分である。樹木の生長を考えると、根の張り方しだいで、しっかりとした大きな樹木に生長するのか、簡単に折れてしまうようなか弱い樹木になるのか、人間形成の基礎の基礎に当たる。

## 2．生涯学習者としての保育者の役割

　現在、日本では、全4歳児の約80％、全5歳児の約95％が幼稚園か保育所に通園・通所しており、就学前教育は準義務教育といった状況にある。母子一体の未分化の状態を脱し、自他や主客の分化をしつつある幼児期の子どもが、長時間母親から離れて最初の集団生活の場である幼稚園や保育所で生活するに際しては、大きな戸惑いが生じるであろう。幼稚園・保育所は家庭との強い連携のもと、環境を通してさまざまな体験から自立の歩みを進め、人との関わり方を学び、「生きる力」の基盤を作ることや、道徳性の芽生えを培うことに重要な役割を担っている。保護者に代わる存在として自分を育み世話してくれる保育者は、彼らにとって多大な影響力を持っており、その役割の大切さは言うまでもない。

　幼児期の子どもにとってみれば、保育者は人生で初めて肉親以外の信

用できる大人の出現と捉えられよう。それゆえ幼児期の子どもは、保育者の一挙手一投足に対する興味・関心が非常に強い。殊に、若くて新しい保育者の存在は子どもにとって大変まぶしく、保育者のいろいろな行動をまねることで一体となろうとする気持ちが強い。こうしたことからも、子どもにとっての保育者は、身近にいる良き学びのモデルなのである。

　幼児期の子どもが、自分の興味・関心のあることに進んで取り組む意欲と自信を身につけさせるとともに、学ぶことは楽しいという教育的意義を見いだすことができるよう、創造的な思考や主体的な生活態度の基盤を培うことに十分配慮しながら、保育者は環境整備を行い適切に指導する必要がある。「遊び心」と「学び心」が溶け合って一人の生涯学習者が誕生するということを考えると、保育者自身が、絶えず子どもに寄り添い、子どもからさまざまなことを学ぶ姿勢を持った、「遊び心」あふれる良き学び手であることが期待される。

## 第3節　生涯学習センターとしての園の役割

### 1. 子育てに関する生涯学習の場

　現代社会は情報が満ちあふれ、情報伝達手段の発達など、子育てする親の世代にとって非常に役立つと同時に、非常に戸惑うことが多い時代である。核家族化も進み、どちらかというと情報過多の中で、子育てする母親の身近にいて育児の助言を受けたり、子育て上のいろいろな疑問に答えたり相談できる人の存在は、ないに等しい。そのため、母子密着による育児不安や育児ノイローゼが増加し、思い余って乳幼児を虐待するといった状況が頻発している。子どもにとっても育ちにくく、その保

護者にとっても子育てしにくい現代は、受難の時代と言えよう。

　このような状況の中で、幼稚園や保育所が「親と子の育ちの場」として着目され、子育ての困難な面ばかりでなく、楽しさや喜びを伝えるために子育て支援センターとしての役割を果たすという意義が見いだされ、園の開放が行われている。地域においては、幼稚園や保育所を中心として、都市化の進行に伴い一度失われてしまった地域社会の結びつきが取り戻され、地域に生活する子育ての大先輩である高齢者たちを巻き込んで、うまく機能しているところもあるようである。しかし一方で、特に個人のプライバシーが完全に守られているような大都市においては、子育て支援センターとしての役割も思うように果たせず、園児たちの安全上の問題から、園の開放すらできないという現実も存在する。

　いずれにしても現代日本社会は、核家族化・少子化が進行し、多くの子どもたちがいまや、一人っ子か、兄弟姉妹がいても一人だけという状況にある。さらに、地域はあってもコミュニティはなし、という絆の希薄な中で、親となって子育てしている保護者自身が、それまでの成長の過程で幼い子どもと触れ合った経験がないという時代でもある。今後の幼稚園・保育所は、子育て支援センターの役割を超え、子育てに関する生涯学習センターとしての役割が新たに見いだされてもよい。昨今、小学生や中学生たちの職業体験などの活動にもそのような意義が見いだされつつあり、高校生たちも将来の進路決定の参考にと、幼稚園や保育所でのボランティアが盛んに行われるようになっていることも、その現れと言えよう。

## 2．親・人間教育の場としての園の意義

　いまや「学習社会」の到来した現代日本において、学習を2つの意味で捉えることができよう。1つ目は、自分が成長するために学ぶという学習、2つ目は、社会が変化するにつれてそれに適応するための学習である。人間は、あまりに未熟な状態で生まれることから、社会的に一人

前になるためには、誕生後もいろいろなことを学ぶ必要がある。生涯の初期の時代に学習量は多く、後半では学習速度が遅くなるが、生涯にわたって続くというのが1つ目の学習である。2つ目の学習は、社会の変化がめまぐるしいときに強調されるものであり、単に受け身で変化に適応するだけでなく、積極的に新しい社会制度を創ることに参加する学習となる可能性を含んでいる。

　昨今の子育てをめぐるさまざまな問題は、幼児期の子どもに接することや、子どもを育てるという学習の欠如から起きていることは明白であろう。食育など、人間が生きていくうえでの基礎的で最低限必要な学習も、昨今は緊急課題となっている。もはや現代日本社会においては、人間が成長・発達すること自体も危機的状況を迎えている現状である。子育てについて緊要な課題としては、子どもを産み育てる機能の発達が著しくなる第二次性徴期に当たる中学生頃からの人間教育にあろう。幼稚園や保育所を中心にして、子育て中の保護者も共に参加し、可能であれば高齢者の参加も促し、子どもを産み育てるということは何世代にもわたる尊い営みであることを理解させるように、生涯学習の重要なテーマとして位置づける必要があろう。人間が、この世に生を受けて生きていくという根本的な問題を学んでいく場として、幼稚園・保育所の意義を再認識することが求められよう。

　今後、幼稚園・保育所が、子育てセンター的な役割にとどまらず、生涯学習体系の中に位置づけられた形で、地域住民にとっての憩いの場として、情報発信の場として、そして交流や学習の場として、さまざまな年齢の人々の出会いや体験や価値観の交換を可能とし、幼児を中心としながら互いが学び合い、心を豊かにしていくために、幼稚園・保育所の環境を整備する必要があろう。「学ぶことは変わることである」という言葉のごとく、今日、新たな学びを推進する保育者の存在が非常に重要さを増しているのである。

【参考文献】

青山庸『生涯学習をめざす21世紀の「協働的学校」づくり』東洋館出版社、2007年

関口礼子・西岡正子・鈴木志元・堀薫夫・小池源吾『新しい時代の生涯学習』有斐閣アルマ、2009年

総合研究開発機構・榛村純一共編『社会を変える教育、未来を創る教育——21世紀の教育と生涯学習まちづくりの新局面』清文社、2001年

堀薫夫編著『生涯学習と自己実現』放送大学教育振興会、2006年

文部科学省生涯学習政策局生涯学習推進課監修『21世紀の生涯学習入門』財務省印刷局、2001年

矢野泉編著『多文化共生と生涯学習』明石書店、2007年

山本思外里『大人たちの学校』中央公論新社、2001年

# 第15章

# 教育と現代の課題

佐藤　久恵
林　恵

## 第1節　教育・保育の国際化

### 1. 外国人の増加

　日本国内の「国際化」は、幼稚園・保育所に在籍する外国籍の子どもの数を急速に増加させている。総務省によると、2010年の外国人登録者数は213万4151人で、人口の1.67%を占めている。前田正子らは、社会福祉法人日本保育協会が2008年度に実施した全国規模の調査を基に、約2万6000人の外国人児童が保育所に通っているのではないかと推測している［前田ほか、2009］。

　重要な点は、最近増加した人たちの多くが、日本とは著しく異なる南米の文化を背景に持つ日系南米人で、多くの日本人になじみのないスペイン語やポルトガル語を母語としていることである。

　国際化の進行する教育・保育の現場では、保育者が何を目指すべきか常に考えねばならない。日本人と外国人の相互理解を目指すなら、言語カードを作って表示したり、保護者もいっしょに参加する料理教室を開催したりすることが考えられる。自国の文化と異なる場所に子どもを預ける保護者にとって、それは保育所を理解する機会となり、また保育者にとっても保護者の不安や戸惑いを知り、理解を深めるよい機会となるだろう。

　「日本語が話せるようになること」「日本の文化や生活になじむこと」を目指そうとしている例もあるが、それは外国籍の子どもを変えることだけを目指した考え方である。むしろ、日本人の子どもは異なる言語や文化を持つ子どもたちと日常的に接することで、非常に多くのことを学ぶ得がたい機会だと理解すべきである。国際化の進行する今日、保育者がその環境を有効に活用し、相互がプラスに影響し合う教育・保育を目

指すことが重要であろう。

## 2. 群馬県大泉町の例

　群馬県東部の大泉町は、人口4万1176人のうち6213人、人口の約15％が外国人であり（2011年7月現在）、その割合は日本で最も大きい。町内には保育所が6か所あり、園児704人のうち、外国籍児童が77人で、全園児数の11％を占めている。中には、外国籍児童が23.8％や19.6％と非常に高い比率を占めている保育所もある（2011年9月現在）。

　保育者の中には「子どもには適応力があり、日本の文化になじんでいくからだいじょうぶだ」「外国籍の保護者とのコミュニケーションは大変だが、子どもはそうではない」と判断している人も多い。しかし、このような事例があった。

　入園したばかりで日本語が全くできないAちゃんは、友達の中に入っていけず保育士のそばを離れない。Aちゃんは、お母さんに「先生に愛しているよって言ったのに、何も答えてくれなかったよ」と話した。そのことについて「やがて日本語が分かるようになれば、そのような問題はなくなるからだいじょうぶだ」と考える保育者もいるかもしれない。しかし、そうしたつらい経験は、保育者との信頼関係を築いていくうえで障壁となるだろう。

　筆者が勤務する大泉保育福祉専門学校では、2012年度から保育士養成課程にポルトガル語の必修授業を導入した。また、学生には町内のブラジル人の託児所や学校にボランティアに行く機会を提供し、保育の様子を見学する機会を作っている。大泉町のある保育所では、お知らせを日本語とポルトガル語で掲示している。ブラジル生まれの保育士を採用し、ポルトガル語でのやり取りを可能にしている保育所もある。言語を学び、現場に触れることで、学生は、国際化した現場での職務を学んでいる。

## 3. 多文化の中の保育

　今日、世界的な規模で民族大流動が起こっている。日本での外国人の増加は、1991年の「出入国管理及び難民認定法」改正が促進したと考えられる。その改正で日系人に限り、外国人が日本国内で単純労働に従事できるようになったからである。その結果、多くの日系南米人労働者が日本に家族連れで入国し、その子どもたちが幼稚園・保育所、小・中学校に入学するようになった。

　日本に住む外国人の多くは、オールドカマーとニューカマーとに分かれる。オールドカマーは、朝鮮、台湾、中国など敗戦前の日本の勢力圏から、敗戦後数年までの間に日本に来て住み着いた人たちである。日本国籍は持っていないが、歴史的経緯で多くは特別永住資格が与えられ、日本に在住している。それに対し、ニューカマーとは、先に述べた近年の外国人受け入れ政策の変化を受けて来日した人々のことである。

　ニューカマーの子どもたちの多くは、日本語能力が不十分で、そのためコミュニケーションが取りにくい。また、日常生活の習慣が異なるばかりでなく、宗教的禁忌のため日本人の常食が食べられないこともある。これらへの対応から、保育者は逃げることはできないのである。

## 4. 保育者の対応と課題

　保育の現場では、上記のような子どもたちに出会う可能性がかなり高い。筆者が群馬県内の保育士養成校等で学生を対象に行った調査では、彼らの多くは、自分が将来、外国籍の子どもの保育を行うだろうと予測している。また、その子どもたちと関わることについて、次のような不安を抱いている。①日本語がほとんど分からない子に対して、どのようにコミュニケーションをとればよいのか、②宗教や人権の面で子どもが差別的に扱われ、傷ついたときには、どう対処したらよいのか——それらは現職の保育者が、レベルの差はあれ直面している課題でもある。

日系人の子どもたちは、自分たちが帰国するのか定住するのか分からない状態に置かれている。帰国するためには母語の能力が必要で、定住するためには日本語の能力が必要である。保育者はそのような子どもたちの保育を行うのであるから、言語習得に特別な配慮が必要である。

　保育に関わる人たちの間では、保育者はバイリンガル教育を研究し、子どもたちをバイリンガルにする努力をすべきである、と言われて久しい。保育年齢の子どもたちは、条件さえそろえば容易にバイリンガルになれるからである。群馬県の公立小学校では、通訳のできるバイリンガル能力を持つ子は珍しくない。ただしそのためには、保育者はもっぱら日本語のみで話しかけることが望ましいし、保護者に対しては「必ず家庭では母語で話すこと」を助言しなければならない［中島、1998］。だが、それが子どもの言語能力を高めることを知っている保育者は少ない。

　外国籍の子どもの多い現場において、保育者には、「子どもの言語の発達を支える責任者であること」が期待されている。

## 第2節　子どもの学力の基盤をつくる保育者

### 1．子どもの学力の基盤

　「学力」は学校教育で得られた能力と考えるのが一般的だが、その意味で考えれば、幼児教育での「学力」とは、幼稚園、保育所、総合施設、こども園で得られた能力ということである。したがって幼児教育で遊びを通して形成していく言語、音感、作画、運動等の能力は、学力と捉えることもできる。また、小学校以後につながる「自ら考える意欲」「未来への基盤となる力」も含まれると言えよう。今後、幼小連携の改革が行われる過程で小学校教育の内容が保育に含まれるようになる可能性が

ある。その場合、「学力」の問題を新たに検討する必要が生まれるだろう。

## 2. 保育士が担うべき役割

　家庭環境による差違を補い、学力格差を最小にしようとする取り組みは「補償教育」といわれる。例えば、1965年にアメリカで始められた「ヘッドスタート・プログラム」が有名である。これはジョンソン大統領が唱え、国家として取り組まれた「貧困との戦い」の一部でもある。

　貧富の差や、子どもへの対応の違いなどの家庭環境の差異は、語彙をはじめとした、さまざまな言語能力の獲得に深く影響してくる。本章第1節で触れたニューカマーの子どもたちの保育も、まさに同様の問題に直面している。しかし、日本人保育者はなお問題を認識していないことが多く［林、2002］、また認識しているとしても保育の方法・態度に工夫がないことが多い［三輪、2011］。また、虐待を受けるなど家庭環境に問題のある子どもたちの場合も、言語において同様の問題が発生していると考えられる。

　日本における補償教育の現状は、制度的には機能しておらず、保育者の努力に依存している部分が大きく、改善が望まれる。幼児教育段階で発生しうる「格差」を補う保育を提供することが、日本の社会の知的基盤の強化につながるであろう。

# 第3節　障害のある子どもの保育・教育

## 1. 統合教育・保育と特別支援教育

　近年、幼稚園・保育所では障害児と健常児をいっしょに教育・保育す

る「統合教育・保育」が進められてきた。障害児だけではなく外国籍の子どもや貧困層の子どもなど、全ての子どもが満足できる指導をいっしょに受けられるようにする「インクルージョン」の考え方も、世界的に普及しつつある。

　障害児と健常児をいっしょに教育・保育することは、双方にプラスになることも多い。例えば、障害児は、健常児の行動を身近に感じることで場面に合った行動を身につけていくことが期待され、健常児は他者の気持ちを理解し、自然に手を貸すような態度を身につけることが期待される。それには同じクラスで子どもたちどうしがお互いを認め合える集団として成長できるよう進めていくことが重要である。そのようなことを実現させていくための方法の一つとして、障害児が在籍する場合、幼稚園・保育所とも担任に加えて保育者を増やす加配が行われている。

　現在、障害児への教育は「特別支援教育」と呼ばれている。長い間、障害児とは主に知的障害や身体的な障害など、主に明確な障害を持つ子どもたちを指し、障害児教育とはそのような子どもへの教育であった。しかし「学校教育法等の一部を改正する法律」により2007年4月から「特別支援教育」に改められ、ADHD、高機能自閉症、LDなどの発達障害を含めた特別な支援の必要がある子どもへの教育へと転換した。また、障害がはっきりしない「気になる子ども」へも注目が集まっており、専門性に基づいた個別の対応が必要とされている。

## 2. 家庭や関係機関との連携

　障害児の受け入れには、家庭と連携し、気をつけるべき事項などを丁寧に把握しなければならない。保育者にとって重要なのは、保護者の気持ちに寄り添い、いっしょに考え育てていこうとする姿勢である。幼稚園・保育所は、個々の障害に合った教育・保育をするために、家庭とだけではなく、医療機関や保健センターなど、専門機関とも連携して情報を得る必要がある。地域の特別支援学校からも、専門的な観点で助言を

受けることができる。また、制度で定められた個別の支援計画は、作成に当たって保護者、地域、関係機関と連携し、その意見を反映させるべきである。多くの人がその子の成長を支えることによって、その子が地域社会で生きていく基盤ができるからである。

# 第4節　教育・保育の場での差別と不公平

## 1. 子どもへの差別と不公平

　差別とは、もともと差異を表す言葉であるが、偏見などに基づいた不当な不利益のことを示す場合が多い。「児童の権利に関する条約」第2条ではあらゆる差別の禁止が記され、「保育所保育指針」第1章総則には子どもの人権への配慮と人格の尊重について記されている。「幼稚園教育要領」の人間関係の領域では、人と関わる力を養うことを目指しており、これは互いに尊重し合う態度を身につけることと関連している。

　子どもは、大人の態度を自分に取り込むことで社会的な価値観を身につける。例えば、保育者が「外国籍の子どもはどうせ国に帰るから熱心に教育はしない」などといった偏見に基づいた対応をすれば、日本籍の子どもは「外国籍の友達は大事にしなくてよい」と感じ、やがて差別的な態度をとるに至るかもしれない。指導をする側は差別の加担者になりやすく、その差別は子どもたちに新たな差別意識を生む恐れがある。差別から子どもを守るために、差別に敏感な保育者でなければならない。

　偏見や差別の意図がなくても、子どもにとって不公平な教育・保育をしている場合はないだろうか。積極的な子どもにはよく話しかけるが、引っ込み思案な子どもにはあまり話しかけなかったり、保護者の職業によって対応が異なったりすることである。子どもの姿や背景によって態

度を変えていないかなどを、保育者は常に振り返ることが必要である。

## 2. 一人ひとりを大切にする

　保育者は必要に応じ、子どもによって異なる対応をすることが求められる。しかし、ときにその対応の違いが、子どもに不公平を感じさせる可能性があることを認識すべきである。大切なことは、子どもへの対応を同じにすることではなく、全ての子どもに対し「あなたのことを先生は大切に思っている」というメッセージを確実に届けることである。一人ひとりが大事にされているという感覚を持つことで、対応に違いがあっても、それぞれが大切で特別な存在だということを理解するだろう。

# 第5節　幼保一元化に向けて

## 1. 預かり保育の現状と課題

　「預かり保育」とは、幼稚園が地域の実態や保護者の要請に応じて、幼稚園教育要領で定められた4時間を標準とする教育時間の後や休業日などの時間外に行う保育をいう。幼稚園教育要領「教育課程に係る教育時間の終了後等に行う教育活動など（第1章総則第3）」に定められ、実施については「教育課程に基づく」としながらも、各幼稚園の裁量に委ねられているため、実態はまちまちである。

　保育所では「延長保育事業」に基づき、11時間の開所時間の前後の時間において、さらに30分以上の「延長保育」を行う場合がある（早朝保育や夜間保育など）。2011年3月の東日本大震災以降の電力不足に際しては、休日出勤措置への対応もなされた。預かり保育、延長保育は、保護者が仕事と家庭を両立させたいと望む需要に応じた支援策である。

多くの幼稚園が預かり保育を行うようになっていながら、保育所には依然として待機児童が出ている現状があり、幼稚園と保育所の制度はうまく共存しているとは言い難い。また、幼稚園での預かり保育では、異年齢の編成、職員の勤務体制など具体的な基準が定められておらず、料金体系やサービス内容も、各施設の実情と裁量によるところが大きいなど、制度は未整備と言ってよい。幼稚園においても、「児童福祉施設最低基準」を意識した利用者本位の制度作りと質的向上が望まれる。

なお、後述する認定こども園の場合は、幼稚園の「預かり保育」と保育所の「延長保育」とが併存しているが、保護者側からは両者の違いが見えにくい。制度整備はこれからという状況である。

## 2. 幼保一元の議論の背景

教育施設である幼稚園と、福祉施設である保育所は、対象としている子どもの年齢に同年代を含むことから、常に制度の統一や年齢別のしくみ作りの必要性が言われてきた。戦後の教育体制を築く基となった1946年の教育刷新委員会で幼稚園と保育所の問題が取り上げられたが、文部省（当時）は学校教育法の全体の制定に追われ、厚生省（当時）は戦災孤児等の対応に追われていたという事情から、今日まで二元的体制が続くことになる。両者は、1951年まで共通の研修団体（全国保育連合会）を組織していたが、その後、幼保一元化の問題が日本保育学会で繰り返し提起され、議論・調査されたものの、実現化には至らなかった［岡田ほか、1980］。

## 3. 一体化施設としての認定こども園

その後、2002年前後の構造改革の一端として、一元化問題は再提起された。現在、続々と設けられている「認定こども園」は、施設の共用化の流れの中で各地の実情に合わせて設けられたものであり「一体化」だと説明されている。「一元化」は所轄する省を1つにすることが前提だが

「一体化」は、所轄する官庁の違いを残したまま、幼稚園と保育所を一体的に併置したものとして「施設のみの一体化」をいう［森上ほか、2007］。

「認定こども園」は2006年制定の「就学前の子どもに関する教育、保育等の総合的な提供の推進に関する法律」（法律第77号）によって法的基盤が与えられた。現在同法に4つの類型が定められている。

①幼保連携型施設＝幼稚園・保育所の両方の認可を受けた施設。

②幼稚園型施設＝保育所の認可は受けていないものの「保育に欠ける子ども」を受け入れられる施設。

③保育所型施設＝幼稚園の認可は受けていないが、「保育に欠ける子ども」以外の子どもも保護者との「直接契約」で受け入れることのできる施設。

④自治体裁量型施設＝幼稚園・保育所のいずれの設置認可も受けず、自治体（都道府県）が認定した施設。

「認定こども園」は、幼保一体化施設であるため、子どもの所属が幼稚園か保育所かによって保育時間が異なることや給食の問題、保育士と幼稚園教諭の勤務条件・勤務体制・研修時間などの違いが発生し、同一施設の運営を複雑にしている。2012年6月には「認定こども園」を拡充し、保育サービスを充実させるとした法案が衆議院で可決された。

【引用・参考文献】

岡田正章ほか編著『戦後保育史 第1巻』フレーベル館、1980年

曽和信一『人権と共生の保育』阿吽社、2007年

東京学芸大学特別支援プロジェクト編著『幼稚園・保育園等における手引書「個別の（教育）支援計画」の作成・活用』ジアース教育新社、2010年

中川喜代子『偏見と差別のメカニズム』（人権学習ブックレット2）明石書店、1998年

中島和子『バイリンガル教育の方法』アルク、1998年

林恵「群馬県大泉町における外国人の就学前保育の現状について」『群馬県太田・大泉の小中学校国際化の実態と求められる教員資質の総合的研究』（日本学術振興会化学研究費補助金研究成果報告書　研究代表　所澤潤）群馬大学教育学部、2002年

前田正子ほか「保育の国際化に関する調査研究報告書〈平成20年度〉』社会福祉法人日本保育協会、2009年

三輪千明「国際移動と教育——外国人児童・生徒の学力形成」『国際移動と教育 外国人児童・生徒の学力形成』日本国際教育学会第22回大会、2011年

森上史朗・林恵ほか「就学前教育の新世紀」〔第17回学校教育臨床総合センター公開シンポジウム〕『群馬大学教育実践研究』第24号、2007年

【監修者紹介】

林 邦雄（はやし・くにお）
　元静岡大学教育学部教授、元目白大学人文学部教授
　[**主な著書**]『図解子ども事典』（監修、一藝社、2004年）、『障がい児の育つこころ・育てるこころ』（一藝社、2006年）ほか多数

谷田貝 公昭（やたがい・まさあき）
　目白大学名誉教授
　[**主な著書**]『新・保育内容シリーズ［全6巻］』（監修、一藝社、2010年）、『子ども学講座［全5巻］』（監修、一藝社、2010年）ほか多数


【編著者紹介】

大沢 裕（おおさわ・ひろし）［第1章］
　帝京科学大学こども学部教授
　[**主な著書**]『保育用語辞典』（共編著、一藝社、2006年）、『子どもと教育』〈子ども学講座5〉（編著、一藝社、2009年）ほか多数

【執筆者紹介】

(五十音順、[ ]内は担当章)

五十嵐 淳子（いがらし・じゅんこ）[第3章]
　帝京短期大学講師

伊藤 潔志（いとう・きよし）[第5章]
　桃山学院大学経営学部准教授

井藤 元（いとう・げん）[第12章]
　大阪成蹊大学教育学部専任講師

今井 康晴（いまい・やすはる）[第11章]
　武蔵野短期大学専任講師

工藤 真由美（くどう・まゆみ）[第6章]
　四條畷学園短期大学教授

榊原 志保（さかきばら・しほ）[第2章]
　大阪成蹊短期大学教授

佐藤 久恵（さとう・ひさえ）[第15章第1,2,5節]
　東京未来大学こども心理学部非常勤講師

宍戸 良子（ししど・りょうこ）[第4章]
　大阪国際大学短期大学部講師

柴田 賢一（しばた・けんいち）[第8章]
　中九州短期大学准教授

杉山 倫也（すぎやま・みちや）[第7章]
　横浜美術大学美術学部准教授

田口 康明（たぐち・やすあき）[第9章]
　鹿児島県立短期大学教授

**林 恵**（はやし・めぐみ）［第15章第1,3,4節］
　大泉保育福祉専門学校専任講師

**船田 鈴子**（ふなだ・れいこ）［第3章］
　愛国学園保育専門学校副校長

**堀 建治**（ほり・けんじ）［第10章］
　中部学院大学短期大学部准教授

**松木 久子**（まつき・ひさこ）［第14章］
　秋草学園短期大学講師

**和田 信行**（わだ・のぶゆき）［第13章］
　東京成徳大学子ども学部特任教授

保育者養成シリーズ
## 教育原理

2012年4月1日　初版第1刷発行
2015年3月10日　初版第4刷発行

監修者　林 邦雄・谷田貝 公昭
編著者　大沢 裕
発行者　菊池 公男

発行所　株式会社　一藝社
〒160-0014　東京都新宿区内藤町1-6
Tel. 03-5312-8890　Fax. 03-5312-8895
E-mail : info@ichigeisha.co.jp
HP : http://www.ichigeisha.co.jp
振替　東京 00180-5-350802
印刷・製本　シナノ書籍印刷株式会社

©Kunio Hayashi, Masaaki Yatagai 2012 Printed in Japan
ISBN 978-4-86359-034-2 C3037
乱丁・落丁本はお取り替えいたします

## 一藝社の本

### 保育者養成シリーズ
林 邦雄・谷田貝公昭◆監修

《"幼児の心のわかる保育者を養成する"この課題に応える新シリーズ》

---

### 児童家庭福祉論　　　　　　髙玉和子◆編著
A5判　並製　224頁　定価（本体1,800円＋税）　ISBN 978-4-86359-020-5

### 教育原理　　　　　　大沢 裕◆編著
A5判　並製　208頁　定価（本体2,200円＋税）　ISBN 978-4-86359-034-2

### 保育内容総論　　　　　　大沢 裕・高橋弥生◆編著
A5判　並製　200頁　定価（本体2,200円＋税）　ISBN 978-4-86359-037-3

### 保育の心理学Ⅰ　　　　　　谷口明子・西方 毅◆編著
A5判　並製　216頁　定価（本体2,200円＋税）　ISBN 978-4-86359-038-0

### 保育の心理学Ⅱ　　　　　　西方 毅・谷口明子◆編著
A5判　並製　208頁　定価（本体2,200円＋税）　ISBN 978-4-86359-039-7

### 相談援助　　　　　　髙玉和子・和田上貴昭◆編著
A5判　並製　208頁　定価（本体2,200円＋税）　ISBN 978-4-86359-035-9

### 保育相談支援　　　　　　髙玉和子・和田上貴昭◆編著
A5判　並製　200頁　定価（本体2,200円＋税）　ISBN 978-4-86359-036-6

### 保育・教育課程論　　　　　　高橋弥生◆編著
A5判　並製　216頁　定価（本体2,200円＋税）　ISBN 978-4-86359-044-1

### 障害児保育　　　　　　青木 豊◆編著
A5判　並製　208頁　定価（本体2,200円＋税）　ISBN 978-4-86359-045-8

### 保育実習　　　　　　高橋弥生・小野友紀◆編著
A5判　並製　208頁　定価（本体2,200円＋税）　ISBN 978-4-86359-046-5

### 幼稚園教育実習　　　　　　大沢 裕・高橋弥生◆編著
A5判　並製　208頁　定価（本体2,200円＋税）　ISBN 978-4-86359-047-2

### 新版 保育者論　　　　　　谷田貝公昭・高橋弥生◆編著
A5判　並製　208頁　定価（本体2,200円＋税）　ISBN 978-4-86359-051-9

### 子どもの食と栄養　　　　　　林 俊郎◆編著
A5判　並製　216頁　定価（本体2,200円＋税）　ISBN 978-4-86359-052-6

### 社会福祉　　　　　　山﨑順子・和田上貴昭◆編著
A5判　並製　224頁　定価（本体2,200円＋税）　ISBN 978-4-86359-053-3

### 家庭支援論　　　　　　中野由美子◆編著
A5判　並製　200頁　定価（本体2,200円＋税）　ISBN 978-4-86359-061-8

**一藝社の本**

## 新・保育内容シリーズ［全6巻］

谷田貝公昭◆監修

《新しい「幼稚園教育要領」「保育所保育指針」に対応した新シリーズ》

### 1 健康

高橋弥生・嶋﨑博嗣◆編著

A5判　並製　248頁　定価（本体2,000円+税）　ISBN 978-4-86359-014-4

### 2 人間関係

塚本美知子・大沢裕◆編著

A5判　並製　240頁　定価（本体2,000円+税）　ISBN 978-4-86359-015-1

### 3 環境

嶋﨑博嗣・小櫃智子・照屋建太◆編著

A5判　並製　232頁　定価（本体2,000円+税）　ISBN 978-4-86359-016-8

### 4 言葉

中野由美子・神戸洋子◆編著

A5判　並製　248頁　定価（本体2,000円+税）　ISBN 978-4-86359-017-5

### 5 音楽表現

三森桂子◆編著

A5判　並製　256頁　定価（本体2,000円+税）　ISBN 978-4-86359-018-2

### 6 造形表現

おかもとみわこ・大沢裕◆編著

A5判　並製　232頁　定価（本体2,000円+税）　ISBN 978-4-86359-019-9

ご注文は最寄りの書店または小社営業部まで。小社ホームページからもご注文いただけます。

## 一藝社の本

### 子ども学講座［全5巻］

林 邦雄・谷田貝公昭◆監修

《今日最大のテーマの一つ「子育て」——
子どもを取り巻く現状や、あるべき姿についてやさしく論述》

---

### 1 子どもと生活
西方 毅・本間玖美子◆編著

A5判　並製　224頁　定価（本体1,800円＋税）　ISBN 978-4-86359-007-6

### 2 子どもと文化
村越 晃・今井田道子・小菅知三◆編著

A5判　並製　224頁　定価（本体1,800円＋税）　ISBN 978-4-86359-008-3

### 3 子どもと環境
前林清和・嶋﨑博嗣◆編著

A5判　並製　216頁　定価（本体1,800円＋税）　ISBN 978-4-86359-009-0

### 4 子どもと福祉
髙玉和子・高橋弥生◆編著

A5判　並製　224頁　定価（本体1,800円＋税）　ISBN 978-4-86359-010-6

### 5 子どもと教育
中野由美子・大沢 裕◆編著

A5判　並製　224頁　定価（本体1,800円＋税）　ISBN 978-4-86359-011-3

---

ご注文は最寄りの書店または小社営業部まで。小社ホームページからもご注文いただけます。